마음을
돌보는
뇌과학

더 좋은 기분,
더 좋은 삶을 위한 뇌 사용법

마음을
돌보는
뇌과학

안데르스 한센 지음

이수경 옮김

한국경제신문

추천의 글

이 책은 우울과 불안의 메커니즘을 담은 설계도다. 저자는 인류진화학과 생물학, 심리학과 정신의학적 근거를 쌓아올려 정신 건강 문제와 외로움, 행복감에 대해 가능한 한 가장 명료한 설계도를 그려냈다. 우울과 불안이 우리의 천형도 실수도 부족함도 아니고, 그저 오래된 미로였음을 눈치챌 때, 보이지 않았던 진짜 자신을 만날 비밀통로가 그 모습을 드러낸다. 마음의 문제로 길을 잃었다고 느끼는 이들에게 추천하는 책.
- 허지원 고려대학교 심리학부 교수, 《나도 아직 나를 모른다》 저자

이 책은 조상에게 물려받은 오래된 우리 뇌가 현대 생태계에 어울리지 않는다는 사실과 그 이유를 흥미롭게 파헤친다. 진화라는 렌즈를 통해 바라보면, 오늘날 세계 곳곳에서 늘어만 가는 우울과 불안의 정체를 이해할 수 있을 뿐 아니라 해결책도 찾을 수 있다. 인간의 뇌를 이해하고 싶다면 놓쳐서는 안 될 필독서다.
- 애나 렘키(Anna Lembke), 《도파민네이션》 저자

탄탄한 과학적 근거를 가진 이 책이 행복에 대한 당신의 관점을 완전히 바꿔놓을 것이다.
- 토마스 에릭손(Thomas Erikson), 《도무지 내 맘 같지 않은 사람들과 잘 지내는 법》 저자

한센은 인간의 정신을 진화의 산물이라고 설명하면서 우리가 겪는 크고 작은 심리적 기복을 제대로 이해하고 헤쳐나갈 수 있는 유용한 방법을 알려준다. 정신의학 분야의 탄탄한 지식을 간결하고 쉬운 언어로 풀어내 누구나 쉽게 이해할 수 있도록 배려했다. 모든 독자가 정신의학의 매력에 푹 빠지게 될 것이다.
- 리처드 랭엄(Richard Wrangham), 하버드 대학교 교수,
  《한없이 사악하고 더없이 관대한》 저자

뛰어난 과학 저술가인 안데르스 한센은 이 책에서 진화의 관점으로 행복의 열쇠를 탐구한다. 인간의 뇌가 끊임없는 행복이 아니라 생존을 위해 설계됐다는 설명은 우리에게 더없는 위안과 힘을 준다.
- 토마스 펄만(Thomas Perlmann), 카롤린스카 의과대학교 교수,
　　노벨총회 및 노벨위원회 사무총장

명상과 마음챙김에서부터 항우울제 같은 약물 치료에 이르기까지 정신 건강을 지키는 방법에 관한 책이 넘쳐난다. 하지만 뇌는 행복이 아니라 생존과 번식을 위해 발달했다. 스트레스, 공황장애, 강박장애, 심지어 ADHD와 자폐 스펙트럼도 존재의 이유가 있다. 정신과 의사인 안데르스 한센이 이 주제에 관한 자신의 생각을 탁월하게 펼쳐낸, 현대인이라면 누구나 읽어야 할 책이다!
- 후고 라게르크란츠(Hugo Lagercrantz), 카롤린스카 의과대학교 소아과 명예교수

우리 모두는 생물학적 존재이자 진화의 결과물이다. 안데르스 한센은 이것이 우리의 정신 건강과 관련해 의미하는 바를 따뜻한 시선과 노련한 문체로 풀어냈다.
- 카린 보이스(Karin Bojs), 저널리스트

안데르스 한센은 대중과 소통하는 이 시대의 가장 뛰어난 저술가다. 어려운 질문들을 용감하게 다루면서도 명료하고 쉽게 설명한다. 이 책에서는 진화와 뇌에 관해, 우리가 우울과 불안에서 벗어나지 못하는 이유에 관해 들려준다. 한마디로, 유익하고 멋진 책이다.
- 다비드 라게르크란츠(David Lagercrantz), 저널리스트 겸 작가

뇌가 생겨나기 전에는 이 세상에 고통도 불안도 없었다.
로저 W. 스페리(Roger W. Sperry), 미국 신경심리학자

이 책에서는 우리가 풍요와 발전의 시대를 살면서도 정신 건강 문제를 겪는 이유를 살펴본다. 조울증이나 조현병이 아니라 그보다 가벼운 형태인 우울증과 불안을 다룬다. 이유는 두 가지다. 첫째, 오늘날 세계적으로 증가하는 정신 건강 문제는 대개 가벼운 정신 질환이며 조현병과 중증 조울증은 증가하는 추세가 아니어서다. 둘째, 조울증과 조현병은 대중 과학서 한 권에서 다루기에는 너무 복잡한 주제여서다. 나는 정신적·신체적 건강에 대한 생물학적 관점을 제시할 것이다. 그동안 이 관점이 많은 이들에게 도움이 되는 모습을 봤다. 만일 당신이 우울감을 느낀다면 도움을 요청하길 권한다. 당신을 도와줄 누군가가 분명히 있다. 그리고 정신 질환 관련 약을 먹고 있다면 어떤 변화든 시도하기 전에 반드시 의사와 상의하길 바란다.

가장 풍요로운 세상에서 우리는 왜 우울할까

틀림없이 당신은 이따금 우울함을 느낄 것이다. 그저 조금 불안할 때도 있지만 가끔은 극심한 공황 상태에 빠질지도 모른다. 모든 게 절망적으로만 느껴져 이불 밖으로 나가기조차 힘겨웠던 날이 살면서 한 번쯤은 있었을 것이다. 그런데 생각해보면 고개를 갸웃하게 된다. '어떤 문제든' 해결할 수 있을 것 같은 고도로 발달한 생물학적 기관이 우리의 두개골 안에 떡하니 자리 잡고 있지 않은가.

끊임없이 변화하고 놀랍도록 역동적인 뇌에는 860억 개의 신경세포와 100조 개 이상의 시냅스(신경세포 간의 연결 부위)가 있다. 이것들이 형성한 복잡한 네트워크가 신체의 모든 기관을 통제하는 것은 물론이거니와 외부에서 끊임없이 들어오는 감각 인상(sensory impression)을 처리하고 해석하고 중요도를 판단한다. 뇌는 책이 가득한 도서관 1만 개에 해당하는 정보를 저장할 수 있다. 게다가 뇌는 저장한 지 수십 년이 지났더라도 가장 의미 있는 정보를 순식간에 끄집어내 당신의 현재 경험과 연결할 수 있다.

그래서 의문이 드는 것이다. 이처럼 엄청난 능력을 지녔으면서도 어째서 뇌는 항상 즐거운 기분을 느끼게 하는 일 같은 간단한 작업은 해내지 못할까? 아니, 오히려 왜 툭하면 기분을 망쳐놓을까? 오늘날 우리가 누리는 모든 것을 떠올려보면 더더욱 아리송하기만 하다. 지금 우리는 역사상 어떤 황제도 부러워할 만한 풍요의 시대를 살고 있지 않은가. 우리는 과거 어느 때보다 더 건강하게 더 오래 산다. 또 조금이라도 지루하면 스마트폰을 켜서 온 세상의 정보와 즐길 거리를 만날 수 있다.

이처럼 유례 없는 풍요와 발전 속에서도 많은 이들이 보이지 않는 힘겨운 싸움을 하고 있다. 정신 건강 문제를 겪는 사람이 늘어난다는 우려스러운 보도가 하루가 멀다고 나온다. 스웨덴에서는 성인 여덟 명 중 한 명이 항우울제를 복용한다. 세계보건기구(WHO)의 추산에 따르면, 세계적으로 2억 8,400만 명이 불안장애를 겪고 있으며 2억 8,000만 명이 우울증을 앓고 있다. 몇 년 지나지 않아 우울증이 다른 모든 질병을 제치고 인간을 가장 크게 괴롭히는 질환이 되지 않을까 걱정스럽다.

이토록 좋은 세상을 살면서도 우리는 왜 불안하고 우울할까? 이 의문은 오래전부터 나를 끈질기게 괴롭혔다. 2억 8,400만 명의 뇌에 문제가 있는 걸까? 스웨덴 성인 여덟 명 중 한 명은 특정한 신경전달물질이 부족한 이들인 걸까?

> **이토록 좋은 세상을 살면서도 우리는 왜 불안하고 우울할까?**
> **이 의문은 오래전부터 나를 끈질기게 괴롭혔다.**

나는 우리의 현재 상태에만 집중할 것이 아니라 과거 모습도 살펴봐야 한다는 사실을 깨닫고 나서야 새로운 접근법을 얻었다. 이 접근법을 취하면 우리의 정신 건강을 더 깊이 이해할 뿐 아니라 개선할 방법도 찾을 수 있다. 풍요와 발전을 누리면서도 우울한 이유는 우리가 생물학적 존재라는 사실을 잊었기 때문이다. 이 책에서는 신경생물학적 관점에서 감정과 행복을 탐구하고, 뇌가 작동하는 원리를 살펴볼 것이다. 나는 그동안 수많은 환자를 치료하면서 이것이 얼마나 유용한지 직접 경험했다. 우리의 생물학적 토대와 뇌의 작동 방식을 알면 정신 건강을 돌보기 위해 무엇을 먼저 해야 할지 판단할 수 있다. 또 자신을 더 정확히 이해함에 있어 자책하는 대신 자신에게 더 관대해지는 데 도움이 된다.

먼저 우울이나 불안 같은 정신 건강 문제를 겪을 때 뇌에서 어떤 일이 일어나는지, 그리고 왜 그것이 때로는 아프다는 신호가 아니라 건강하다는 신호인지 살펴볼 것이다. 우울과 불안을 관리하기 위해 어떻게 해야 하는지도 살펴본다. 그다음엔 오늘날 과거보다 우울증을 겪는 사람이 정말로 더 많아졌는지 찾아보고, 생물학적 관점이 정신 건강에 유용한 이유를 알아본다. 마지막으로, 행복해지는 방법이 무엇인지 생각해본다.

우선 머나먼 옛날로 돌아가 말 그대로 '시작점'에서 출발해보자.

1장

우리는 살아남은 자의 후손이다!

: 유전자 속 감춰진 마음의 메커니즘을 찾아서

멸종은 법칙이고 생존은 예외다.

칼 세이건(Carl Sagan)

시계를 거꾸로 돌려 약 25만 년 전의 동아프리카로 가보자. 그곳에 이브라는 여성이 살고 있다. 이브의 생김새는 지금의 우리와 크게 다르지 않다. 그녀는 100여 명의 사람과 무리를 이루어 살며, 이들은 수렵과 채집으로 식량을 구한다. 이브는 자식 일곱을 뒀는데 그중 넷은 죽었다. 아들 한 명은 출생 과정에서 죽었고, 딸 한 명은 감염병으로 죽었으며, 또 다른 딸은 벼랑에서 발을 헛디뎌 죽었고, 또 다른 아들은 10대 때 싸움에 휘말려 살해당했다. 하지만 나머지 셋은 살아남아 성인이 됐고 이들은 자식을 총 여덟 명 낳았다. 이 중에서도 절반 정도는 살아남아 성인이 될 것이고 또 자식을 낳을 것이다.

1만 세대에 해당하는 세월 동안 이 과정이 반복되면서 이브의 머나먼 후손이 생겨났다. 그 후손은 누구일까? 바로 당신과 나다. 우리는 태어나는 과정에서 죽지 않았거나, 감염병에서 용케 회복됐거나, 크게 다쳐 과다 출혈로 죽지 않았거나, 굶어 죽지 않았거나, 살해당하지 않았거나, 맹수에게 물려 죽지 않은 소수의 후손이다. 우리는 잔인한 전쟁과 무서운 감염병과 끔찍한 기근 뒤에도 살아남은 사람들의 유전자로 이뤄진, 지금껏 끊어진 적 없는 기나긴 사슬에서 가장 최근의 연결 고리에 해당한다.

요컨대 조상들이 운 좋게 살아남아 자식을 낳은 뒤 세상을 떠났기에 지금의 우리가 존재한다. 그런데 이는 뜻밖의 결과도 낳았다. 이브의 후손 중 위험에 기민하게 반응하고 나뭇잎이 바스락거리는 소리(맹수일 수도 있다)를 예민하게 경계하는 이들의 생존 확률이 더 높았고, 그 생존자들의 후손인 우리 역시 위험 요소를 강하게 경계하는 본능을 물려받았다. 또 조상 중 강한 면역 체계를 지닌 이들이 감염병을 이기고 살아남을 확률이 높았으므로 후손인 우리 역시 뛰어난 면역력을 갖게 됐다.

또 다른 결과는 우리가 갖게 된 심리적 특성이다. 이브의 후손 중 생존에 유리한 정신적 특성을 지닌 이들이 살아남을 확률이 더 높았고, 지금의 당신과 나도 그들과 같은 여러 정신적 특성을 지니고 있다.

우리는 맹수에게 잡아먹히거나 절벽에서 발을 헛디뎌 떨어지거나 굶어 죽는 일 없이 살아남은 조상의 후손이다. 희박한 확률을 뚫고 극적으로 생존한 이들의 유전자를 물려받았으니, 우리는 초인적 능력을 지녀야 마땅할 것 같다. 노벨상을 두 번 받은 마리 퀴리처럼 똑똑하고, 영적 지도자 마하트마 간디처럼 지혜롭고, 영화 〈탑건〉의 주인공 톰 크루즈처럼 멋져야 할 것 같다. 하지만 과연 그럴까?

적자생존의 세계 ○

'적자생존'이라는 말을 들으면 정신적·신체적으로 최고 조건을 갖춘 사람이 얼핏 떠오른다. 그러나 진화와 관련해 '적자'란 정신적 또는 신체적으로 뛰어난 능력을 지닌 종보다는 '환경에 가장 적합한 종'을 의미한다. 따라서 우리는 조상들이 생존하고 번식할 수 있게 한 특성들을 오늘날 세계의 관점이 아니라 역사의 대부분 시간 동안 인류가 살아온 세계의 관점에서 바라봐야 한다.

이브의 자손들에게는 강인하거나 건강하거나 행복하거나 친절하거나 정서적으로 안정되거나 똑똑해지는 것이 본질적으로 중요하지 않았다. 진화의 논리에 따라 오로지 두 가지만 중요했다. 생존과 번식이다. 나는 이 사실을 깨닫고 인간을 완전히 다른 관점으로 바라보게 됐다. 우리 몸은 건강이 아니라 생존과 번식을 위해 설계돼 있으며, 우리 뇌 역시 행복이 아니라 생존과 번식을 위해 설계돼 있다. 당신의 기분이 어떤지, 어떤 유형의 사람인지, 친구가 많은지, 먹을 음식과 잠잘 집이 있는지, 그 밖에 어떤 자원을 갖고 있는지 따위는 살아 있을 때만 의미가 있다. 당연한 얘기 아닌가? 죽고 나면 그 모든 게 무슨 의미가 있겠는가. 뇌에게 무엇보다 중요한 일은 생존이다.

그렇다면 뇌는 '무엇'으로부터 우리를 지켜야 했을까? 다음 표를 보면 인류가 그동안 왜 목숨을 잃었는지, 즉 당신과 나의 조상이 무엇을 피하려 애썼는지 알 수 있다.

사회 형태	수렵채집 사회	농경 사회	산업 사회	정보 사회
기간	기원전 25만 년 ~기원전 1만 년	기원전 1만 년 ~기원후 1800년	1800년~1990년	1990년 이후
신생아 기대 수명	약 33세	약 33세	35세(1800년) 77세(1990년)	82세 (유럽, 2020년)
주요 사망 원인	전염병, 굶주림, 살인, 출혈, 출산	전염병, 굶주림, 살인, 출혈, 출산	전염병, 출산, 오염, 암, 심혈관 질환	심혈관 질환, 암, 뇌졸중
전체 인류 역사에서 차지하는 비율	96퍼센트	3.9퍼센트	0.08퍼센트	0.02퍼센트

> 우리 몸은 건강이 아니라 생존과 번식을 위해 설계돼 있다. 우리 뇌 역시 행복이 아니라 생존과 번식을 위해 설계돼 있다.

이런 생각이 들지 모른다. '이런 이야기가 나랑 무슨 상관이람? 나는 수렵채집인도 아닌데.'

물론 그렇다. 하지만 당신의 신체와 뇌는 여전히 당신이 수렵채집인이라고 여긴다. 진화는 대단히 느리게 진행되기 때문에 어떤 종에 주요한 변화가 일어나는 데는 엄청나게 긴 시간이 걸린다. 인간도 마찬가지다. 우리에게 익숙한 현재의 세상이 존재한 기간은 인류 역사 전체를 놓고 보면 찰나에 지나지 않는다. 이 세상은 인간의 신체가 적응하기에는 너무 짧은 기간에 지금과 같은 모습으로 변화했다.

당신은 소셜 미디어 프로필에 직업을 교사나 간호조무사, 시스템 개발자, 세일즈맨, 배관공, 택시 운전사, 기자, 셰프, 의사라고 적어놨을지 모르지만 순수하게 생물학적 관점에서 보면 수렵채집인이라고 해야 맞다. 인간의 신체와 뇌는 지난 1만 년, 어쩌면 2만 년 동안 거의 변하지 않았기 때문이다. 인간이라는 종에 대해 기억해야 할 가장 중요한 사실은 우리가 과거와 비교해 거의 달라지지 않았다는 점이다. 약 5,000년 전 시작된 역사 시대에도 당신과 나처럼 본질적으로 수렵채집인인 사람들이 지구상에 살았다. 그렇다면 먼 옛날 수렵채집인의 삶은 어땠을까?

수렵채집인은 어떻게 살았을까?　○

어쩌면 당신은 수렵채집인의 삶이 낭만적이었으리라고 생각할지도 모르겠다. 사냥을 비롯한 온갖 모험을 즐기며 오염되지 않은 자연 속에서 끈끈히 연결된 작은 공동체를 이루어 살았다고 말이다. 그러나 실제로 우리 조상들의 삶은 여러 면에서 지옥과도 같았다. 평균 기대 수명이 약 30세였는데, 이는 모두가 30세 쯤에 갑자기 죽었다는 말이 아니라 많은 이들이 어릴 때 죽었다는 의미다. 사람들의 절반이 10대가 되기 전에 죽었다. 대개는 출생 중에 또는 전염병에 걸려 목숨을 잃었다. 무사히 살아남아 성인이 된다고 해도 굶주림, 출혈, 탈수증, 맹수의 공격, 다양한 전염병, 사고, 살인 등 온갖 위험 요인과 함께 살았다. 요즘의 은퇴 연령에 해당하는 나이까지 사는 사람은 극소수에 불과했다. 물론 수렵채집 사회에도 70세 또는 심지어 80세까지 사는 사람이 있었다. 따라서 노인이라는 개념 자체는 옛날엔 없다가 요즘 생긴 것이 아니다. 요즘은 '엄청나게 많은' 사람이 노인이 될 때까지 산다는 점이 달라졌을 뿐이다.

그러다가 약 1만 년 전 인류의 가장 중요한 변화로 꼽을 만한 사건이 일어났다. 농사를 짓기 시작한 것이다. 하지만 창과 활이 하룻밤 새에 쟁기로 대체된 것이 아니다. 수렵채집 사회에서 농경 사회로의 이동은 오랜 세월에 걸쳐 서서히 진행됐다. 농경 사회의 삶은 수렵채집 사회보다 '훨씬 더 끔찍한 지옥'이었다고 요약할 수 있다. 평균 기대 수명은 여전히 약 30세였고 생명을 위협하는 이런저런 위험 요인도 여전했다. 굶어 죽을 가능성은 줄었지만 살인이 점점 더 흔한 사망 원인이 됐다. 식량을 저장하고 자원을 확보하는 수단이 발달하면서 그것을 차지하려는 싸움도 빈번해졌기 때문이다. 사회 계급이 더 뚜렷하게 형성됐고, 여러 종류의 전염병이 생겨났다(이에 관해서는 뒤에서 다시 살펴본다). 또 단조로운 반복 노동이 많아지고 노동 시간이 더 길어졌다. 주로 곡류가 식탁에 오르면서 식단도 덜 다양해졌다.

많은 저명한 역사학자와 사상가가 농경 사회로 이행한 것이 인류의 가장 큰 실수라고 말한다. 그렇다면 왜 인류는 수많은 불행을 감수하면서 농경 사회로 진입할 수밖에 없었을까? 가장 큰 이유는 같은 면적이라도 농사를 지으면 수렵채집보다 훨씬 더 많은 식량을 생산할 수 있기 때문이었을 것이다. 그리고 먹여 살릴 가족이 늘어나면, 식단이 다양하지 않거나 단조롭고 고된 노동을 해야 하는 것에 대해 또는 자신이 확보한 자원을 누군가가 훔쳐 갈까 봐 걱정해야 하는 것에 대해 투덜대고 있을 여유가 없다.

식량 생산이 늘어나자 더 많은 이들이 배불리 먹을 수 있었고, 모두가 식량을 구하러 돌아다닐 필요가 없어지자 사람들은 저마다 잘하는 분야에서 전문성을 기르기 시작했다. 다양한 기술이 발전하고 사회가 갈수록 복잡해졌다. 이 모든 변화는 폭발적인 인구 증가를 가져왔다. 1만 년 전 농경 사회가 되기 전에 지구상의 인구는 500만 명이었다. 1850년경 이 수치는 12억 명이 됐다. 400세대 동안 무려 2만 4,000퍼센트 증가한 것이다!

앞서 언급한 이브를 다시 떠올려보자. 이브에게 미래에는 그녀가 겪는 모든 위험이 거의 사라지리라고 말해준다면 어떨까? 머나먼 후손은 치명적 전염병도 흔하지 않고 맹수에게 공격당할까 봐 밤잠을 설칠 필요도 없는 세상을 살 것이라고 말이다. 여성이 출산하다가 죽는 일도 흔하지 않고, 세계 곳곳에서 생산한 다양하고 영양이 풍부한 음식을 대부분 사람이 먹을 수 있으며,

지루함을 느낄 틈조차 없이 각종 오락거리가 준비된 세상을 살게 된다고 말이다.

아마 이브는 농담을 한다고 생각할 것이다. 하지만 미래 후손이 이 모든 것을 누리리라는 사실을 어떻게든 이해시킨다면, 그녀는 자신이 힘겹게 살아남은 결과 후손들이 그처럼 멋진 보상을 받는다는 사실에 기뻐할 것이다. 그러나 여덟 명 중 한 명이 약을 먹으며, 그 이유가 우울증 때문이라고 말해준다면? 그녀는 '약'이 무슨 말인지 몰라 고개를 한 번 갸우뚱하고, 그처럼 좋은 세상에서 우울해한다는 말에 또다시 고개를 갸우뚱할 것이다. 어쩌면 우리를 감사할 줄 모르는 인간이라고 생각할지도 모른다.

정말 우리는 그 모든 것을 누리면서도 감사할 줄 모르는 존재인 걸까? 나도 이따금 특별한 이유 없이 울적해질 때면 그런 인간이 된 듯한 기분이 든다. 내 환자 중에도 부족함 없이 사는데 우울하거나 불안을 느낀다는 사실을 부끄러워하는 이들이 많았다. 그러나 이는 '이 좋은 세상에서 왜 우울해? 늘 기쁘고 감사해야 당연한 거 아냐?'라고 간단하게 생각할 문제가 아니다. 앞서 말했듯 당신과 나는 생존자의 후손이고, 사실 우리에겐 즐거운 기분을 느끼는 것이 별로 중요하지 않을지도 모른다.

진화의 역사 속에서 인간은 정신 건강 문제를 겪도록 유전적으로 프로그램됐으며 불안과 걱정은 인류의 생존에 필수적인 역할을 했다. 이런 말이 절망적으로 느껴지리라는 것, 나도 잘 안다. 그러나 불안과 우울을 극복할 방법은 분명히 존재하며, 이에 관해서는 뒤에서 자세히 살펴볼 것이다. 먼저 우리가 로봇과 달리 즐거움이나 걱정, 무관심, 심리적 불편함, 기쁨, 짜증, 냉담함, 행복감 등을 느끼는 이유를 알아야 한다. 왜 우리는 특정한 느낌을 경험하는 것일까?

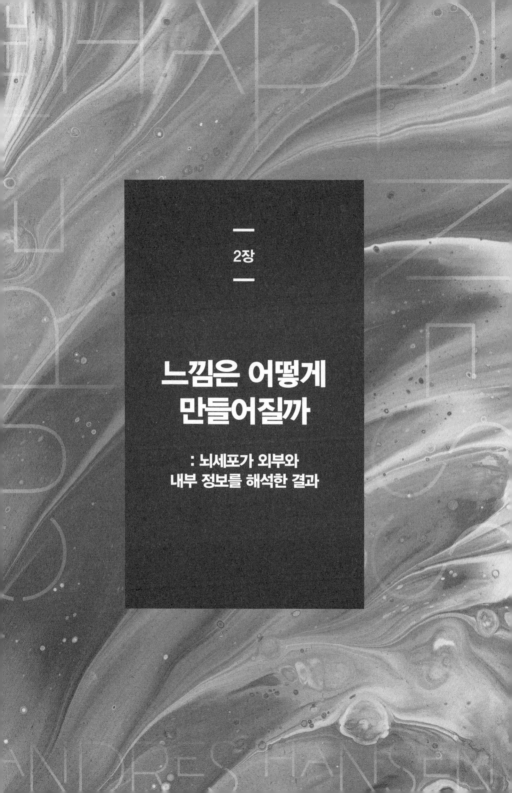

2장

느낌은 어떻게
만들어질까

: 뇌세포가 외부와
내부 정보를 해석한 결과

인간은 느낄 줄 아는 생각하는 기계가 아니라,
생각할 줄 아는 느끼는 기계다.
안토니오 다마지오(Antonio Damasio), 신경학자이자 저술가 이렇게 상상해보자. 당신은 퇴근 후 급하게 집으로 향한다. 어두컴컴한 하늘에서 비가 세차게 내린다. 하지만 지금 당신에겐 날씨가 문제가 아니다. 다 끝내지 못한 중요한 일을 집에 가서 마무리해야 하는데 적어도 두 시간은 걸릴 것 같다. 가는 길에 유치원에 들러 딸아이를 데려가야 한다. 슈퍼마켓에도 들르고, 빨래도 해야 하고, 부모님이 저녁을 드시러 올 예정이라 집 청소도 해야 한다. 게다가 이직을 고려 중인 회사에 입사 지원서도 보내야 한다. 아차, 또 다른 할 일도 갑자기 생각난다.

이런 온갖 생각으로 머릿속이 바쁘게 돌아가는 와중에 당신은 횡단보도에 한 발을 내디뎠다. 그런데 갑자기 어떤 보이지 않는 힘이 당신을 후다닥 물러서게 한다. 버스가 무서운 속도로 코앞을 쌩 지나간다. 당신은 도로 경계석 끄트머리에 얼어붙은 채서 있다. 한 발짝만 더 나갔으면 버스에 치였을 것이다. '큰일 날 뻔했어!' 지나가는 사람 누구도 방금 일어난 상황을 알아채지 못했지만 당신은 온 세상이 멈춰버린 듯한 기분이다. 얼굴에는 빗

방울과 땀이 뒤섞여 흘러내리고 심장이 마구 뛴다. 죽을 뻔한 순간을 아슬아슬하게 피했으니까. 뭔가가 당신을 재빨리 잡아채 남은 회사 일과 집 청소와 저녁 식사 준비에 대한 생각에서 빠져나오게 했고, 얼른 뒷걸음질 치라고 명령한 덕분이다.

당신을 구한 보이지 않는 그것은 뇌의 측두엽 안쪽에 있는 아몬드 크기만 한 편도체(amygdala)다. 편도체는 뇌의 여러 부위와 연결돼 있고 매우 다양한 프로세스에 관여하기 때문에 뇌의 '대부'라고도 불린다. 편도체의 중요한 역할 중 하나는 감각 기관으로 들어온 정보를 처리해 주변의 위험을 탐지하는 것이다. 시각·청각·미각·후각과 관련된 감각 인상이 편도체로 곧장 들어오면 편도체가 그 내용을 감지하고, 이후 그 정보는 뇌의 다른 부위로 전달돼 처리된다.

뇌가 이런 식으로 작동하는 이유는 눈으로 들어온 시각 정보가 시신경을 통해 후두엽에 있는 시각 피질의 여러 부분으로 이동하는 데 10분의 몇 초가 걸리기 때문이다. 그제야 우리는 눈으로 본 대상을 의식하게 된다. 하지만 위급한 상황에서는 그 10분의 몇 초가 생사를 가를 수도 있다. 그래서 감각 인상의 중요도가 높으면(예컨대 방금처럼 버스가 달려오는 상황이면) 편도체가 다른 뇌 부위보다 먼저 반응한다. 편도체가 경고 신호를 보내는 순간 체내에 스트레스 호르몬이 분비되고 당신은 잽싸게 뒤로 물러서게 된다. 이것을 '정서 반응(emotional response)'이라고 한다. 그리고 당신의 뒷걸음질은 '움직임(motion)'이다. 한편 버스에 치이는 사고를 가까스로 피했음을 깨닫고 두려움이 일어나는 주관적 경험을 '느낌(feeling)'이라고 한다. 요컨대 정서 반응과 움직임이 선행하고 그다음에 느낌이 형성된다. 편도체가 활성화돼 두렵다는 느낌이 만들어질 때 뇌에서 어떤 일이 일어나는지 좀 더 자세히 살펴보자.

외부 세계와 내부 세계가 만나는 곳

뇌가 환경에 반응하는 방식을 생각할 때 흔히 물리적 주변 환경을 먼저 떠올린다. 예컨대 자신을 향해 달려오는 버스 같은 것 말이다. 하지만 그것 못지않게 중요할 뿐 아니라 뇌가 늘 면밀하게 주시하는 또 다른 세계가 있다. 바로 우리의 내부 세계다. 뇌의 측두엽 안쪽에 섬엽(insula)이라는 흥미로운 부위가 있는데, 일종의 정보 수집소 역할을 한다. 즉 감각을 통해 외부에서 들어

오는 정보뿐 아니라 심박수와 혈압, 혈당치, 호흡수 등 몸 내부에서 오는 정보도 받아들인다. 따라서 섬엽은 우리의 외부 세계와 내부 세계가 만나는 곳이다. 우리는 이 때문에 느낌을 경험한다.

느낌의 목적은 단 하나다. 우리의 행동에 영향을 미침으로써 생존을 도와 번식하게 하는 것이다.

느낌은 외부 세계에 반응하는 과정에서 밀려오는 게 아니다. 뇌가 외부 정보와 내부 정보를 결합함으로써 '만들어내는' 것이다. 뇌는 그 정보를 이용해 우리가 생존에 유리하도록 행동하게 한다. 요컨대 느낌의 목적은 단 하나다. 우리의 행동에 영향을 미침으로써 생존을 도와 번식하게 하는 것이다.

느낌이라는 요약 보고서

눈은 1초당 1,000만 비트가 넘는 시각 정보를 뇌에 전달한다. 우리 몸에는 끊임없이 시각 인상을 공급하는 슈퍼 광케이블이 장

착돼 있는 셈이다. 그것만 있는 게 아니다. 역시 엄청난 용량을 소화하는 또 다른 많은 케이블이 신체 각 기관에서 오는 정보는 물론이고 청각과 미각, 후각으로 들어오는 감각 인상을 뇌로 공급한다. 이처럼 뇌로 밀려드는 정보의 양은 엄청나다.

물론 뇌는 매우 뛰어난 처리 능력을 갖추고 있지만, 우리의 의식적 주의력에는 병목현상이 발생한다. 우리는 한 번에 한 가지 일에만 집중할 수 있고, 한 번에 한 가지 생각만 할 수 있다. 따라서 뇌는 대부분 작업을 우리가 모르는 새에 수행한 뒤 그것을 요약한 결과를 '느낌'이라는 형태로 우리에게 전달한다.

의식적 주의력을 대기업 CEO에 비유하면 이해하기 쉬울 것이다. CEO가 직원들에게 중요한 사안을 분석해 오라고 지시했다고 해보자.

직원들이 몇백 페이지 분량의 보고서를 만들어 오면 CEO는 이렇게 말할 것이다. "바빠 죽겠는데 그걸 언제 다 읽습니까? 가장 나은 실행 방안을 A4 반 페이지로 요약해 오세요." 그런 요약 보고서의 역할을 하는 것이 '느낌'이다. 그리고 느낌은 우리가 특정한 방식으로 행동하게 한다.

당신의 뇌와 나의 뇌는 다르다

사람마다 얼굴 생김새와 체격이 다르듯 뇌도 마찬가지다. 특히 섬엽은 개인에 따라 크기가 상당히 차이 나는 뇌 부위다. 섬엽은 몸 내부의 신호를 받아들여 느낌을 형성하는 중요한 역할을 하므로, 많은 과학자가 섬엽의 크기 차이 때문에 몸의 신호를 각자 다른 강도로 경험한다고 추정한다. 어떤 사람은 내부 신호의 볼륨이 높아서 속이 불편하거나 맥박이 빨라지거나 허리가 아픈 것을 특히 예민하게 느낀다. 그런가 하면 어떤 사람은 내부 신호의 볼륨이 낮아서 그런 자극을 잘 알아채지 못한다.

섬엽의 크기 및 활동성의 차이가 성격과 관련이 있는가에 관한 흥미로운 연구도 진행 중이다. 예를 들어 신경증(부정적 자극에 얼마나 민감하게 반응하는지에 영향을 미치는 성격 특성)은 섬엽의 활성화와 연관돼 있는 것으로 보인다. 섬엽의 크기 및 활동성의 차이가 우리가 몸의 신호에 반응하는 강도와 다양한 성격 특성에 영향을 미친다는 얘기를 들으면, '정상적인' 섬엽의 기준이 있으리라는 생각이 들지도 모르겠다. 하지만 그런 것은 없다. '정상적인' 뇌라는 것이 따로 없는 것과 마찬가지다. 사실 무리를 이뤄 살아가는 인간이라는 생명체의 뇌는 각자 '달라야만' 한다. 무리 내에 다양한 특성과 느낌이 존재하는 것은 인간의 생존에 대단히 중요했을 것이다.

느낌은 행동을 이끈다 ○

뇌는 우리가 돌진해 오는 버스를 피하게 할 때만 느낌을 형성해 행동을 유도하는 것이 아니다. 뇌는 우리가 깨어 있는 매 순간 그런 일을 한다. 교통사고 말고 좀 더 일상적인 예를 보자. 당신은 주방에 들어가 조리대에 놓인 바나나를 발견한다. 먹을 것인가, 말 것인가? 뇌는 그 결정을 어떻게 내릴까? 먼저 바나나가 주는 에너지와 영양 가치를 판단해야 한다. 그리고 당신 몸에 영양이 어느 정도 비축돼 있는지를 파악해 음식을 보충해야 하는 상태인지 아닌지를 판단해야 한다.

만일 음식이 눈앞에 나타날 때마다 의식적으로 이런 계산을 해야 한다면 피곤해서 도저히 살 수가 없을 것이다. 그래서 뇌는 당신이 모르는 사이에 그 일을 한다. 뇌는 모든 요소를 따져본 뒤 답을 내놓는데, 이때 느낌이 전면에 등장한다. 뇌가 주는 답이 느낌이라는 형태로 당신에게 전달되는 것이다. 즉 당신은 배고픔을 느끼면 바나나를 먹고, 배부름을 느끼면 바나나에 손을 대지 않는다.

이쯤에서 이브를 다시 만나보자. 이브는 나무에 올라가서 바나나를 딸지 말지 결정할 때 훨씬 더 많은 요소를 따져봐야 했다. 나무에 달린 바나나 개수, 바나나의 크기, 잘 익었는지 어떤지, 현재 몸의 영양 보유량이 충분한지 아니면 음식이 절실하게 필요한지, 나무에 오를 신체적 능력이 되는지 아닌지 등이다. 또 위험도 고려해야 한다. 바나나가 얼마나 높은 곳에 달렸는지, 올라가도 될 만큼 나무가 튼튼한지, 주변에 맹수가 없는지 등을 살펴야 한다.

물론 이브는 이런 계산을 하려고 펜과 종이를 꺼내지 않았다. 그녀의 뇌에서는 주방에 있던 당신의 뇌와 똑같은 일이 진행됐다. 즉 뇌가 계산을 마친 결과를 느낌이라는 형태로 그녀에게 전달했다. 만일 다칠 위험이 적고 나무에 바나나가 많이 달렸다면 또는 에너지원이 당장 필요한 상태라면, 그녀는 안전하거나 배가 고프다고 느껴 용감하게 나무에 오를 것이다. 하지만 위험이 크고 나무에 달린 바나나도 조금뿐이라면 또는 몸의 에너지가 충분하다면, 두려움이나 배부름을 느끼고 나무에 올라가지 않을 것이다.

주방에 있는 당신이든 나무 앞에 선 이브든 이런 뇌의 판단 프로세스는 본질적으로 같지만, 중요한 차이점이 있다. 당신이라면 설령 판단이 잘못되어도 큰 상관이 없다. 바나나를 먹지 않기로 했더라도 언제든 다시 돌아와서 먹을 수 있으니까. 그러나 이 브는 그런 호사를 누릴 수가 없다. 만일 이브의 뇌가 판단을 잘 못해서 그녀가 늘 앞뒤 가리지 않고 무모하게 행동한다면 조만 간 목숨을 잃을지 모른다. 반대로 절대 모험을 하지 않아도, 과도 한 경계심 탓에 굶어 죽을 위험이 있다. 우리 조상 중에 느낌이 올바른 행동을(이때 '올바르다'라는 것은 생존과 번식에 유리함을 뜻한 다) 유도한 이들만 살아남아 유전자를 후대에 물려줄 수 있었다. 그리고 이 프로세스는 수많은 세대를 거치며 엄청난 시간이 흐 르는 동안 계속됐다.

이렇듯 느낌은 우리에게 있어도 그만 없어도 그만인 뭔가가 아니다. 뇌는 느낌을 생성해 행동을 촉발하며, 느낌은 진화의 냉 혹한 선택을 거치며 수백만 년 동안 예리하게 연마돼왔다. 우리 를 잘못된 행동으로(이 역시 생존의 관점에서 '잘못됐다'라는 뜻이다) 이끄는 느낌들은 인간의 유전자 풀에서 사라졌다.

이유는 간단하다. 그런 느낌을 가진 사람은 살아남지 못했 기 때문이다. 생물학적으로 볼 때 느낌은 인간의 생존과 번식 에 도움이 되는 행동을 유도하는 생화학물질을 수많은 뇌세포 가 교환하여 만들어낸 결과다. 또는 좀 더 시적으로 표현한다 면, 느낌은 온갖 역경을 극복하고 기아와 전염병과 갑작스러운 죽음을 피하는 데 성공한 수많은 조상이 우리에게 보내는 속삭임이다.

행복한 기분은 왜 영원하지 않을까? ○

지금까지의 설명은 우리가 항상 행복감을 느낄 순 없는 이유의 실마리를 던져준다. 이브가 나무에 올라가 바나나 몇 개를 따는 데 성공했다고 가정하자. 그녀는 만족해하며 바나나를 맛있게 먹는다. 하지만 그녀에게 만족감은 얼마나 오랫동안 허락될까? 그 시간은 별로 길지 않다. 만일 바나나를 먹고 만족감이 몇 개월 동안 지속된다면 그녀는 식량을 추가로 구할 동기를 느끼지 못할 테고, 곧 굶어 죽을 것이다.

이는 행복하다는 느낌이 일시적이어야 마땅함을 의미한다. 그렇지 않으면 동기가 생겨나지 않기 때문이다. 사람들은 대부분 그 느낌이 어떤 것인지 너무나 잘 안다. 이번에 승진만 하면, 새 자동차를 장만하면, 연봉이 오르면, 정원이 있는 집으로 이사하면 행복해지리라고 생각한다. 하지만 그 일이 현실이 되면 행복감은 곧 사라지고, 훨씬 더 높은 직급이나 훨씬 더 많은 연봉에 대한 갈망이 또다시 마음속에 들어앉는다. 그리고 그 과정은 끝없이 계속된다!

많은 이들이 인생에서 가장 중요한 것으로 행복을 꼽는다. 그러나 행복감은 진화의 연장통에 들어 있는 수많은 도구 중 하나에 불과하다. 게다가 이 도구는 일시적으로만 쓰여야 한다. 늘 행복감을 느끼기를 바라는 것은 바나나 하나로 남은 평생 배부름을 유지하기를 바라는 것과 마찬가지로 비현실적인 생각이다. 우리는 어차피 그렇게 설계돼 있지 않다.

뇌를 자세히 들여다보면 우리의 예상과 다르게 작동하는 것이 느낌만은 아니다. 심리학과 신경과학 연구에 따르면, 뇌는 우리의 기억을 바꾼다. 또 우리가 실제보다 더 훌륭하거나 유능하거나 더 외향적이라고 착각하게 한다. 반면 때로는 우리가 무가치한 존재라고 믿게 한다. 뇌는 우리가 세상을 있는 그대로 경험하게 내버려 두지 않는다. 뇌에게는 그보다 훨씬 더 중요한 과제, 즉 생존이라는 목표가 있기 때문이다. 뇌는 생존에 유리한 방식으로 세상을 경험하게 하며, 그 결과 우리의 가장 큰 감정 해충인 불안이 생겨난다.

3장

불안과 공황

: 나를 지키기 위한
가장 자연스러운 방어 기제

살면서 마음속으로 끔찍한 일들을 수없이 겪었는데,
그중 일부만 실제로 일어났다.

마크 트웨인(Mark Twain), 소설가

당신은 틀림없이 불안을 경험한 적이 있다. 어떻게 확신하느냐고? 불안은 배고픔이나 피로처럼 인간이 지닌 자연스러운 생물학적 특성이기 때문이다. 불안은 심리적으로 강한 불편함을 느끼는 상태, 뭔가 잘못됐다고 느끼는 상태다. 내 환자 중 한 사람은 불안에 휩싸이면 "나 자신을 버려두고 도망치고 싶은" 기분이라고 표현했다. 마음이 편치 않거나 기분이 좋지 않다고 말하는 사람이 있다면 불안을 경험하고 있을 확률이 높다.

사람마다 불안의 강도와 종류는 다양하다. 어떤 사람은 가벼운 불안을 지속적으로 느낀다. 안정된 기분을 느끼지 못하게 뭔가가 계속 방해한다. 어떤 사람은 갑작스럽게 강렬한 불안에 휩싸인다. 특정한 상황(예컨대 많은 청중 앞에서 말할 때)이 불안을 만들어내기도 한다. 어떤 사람은 자신에게 일어날지 모르는 온갖 재앙을 상상하며 불안해한다. 지금 내가 탄 비행기가 추락하면 어떡하지? 우리 아이가 유괴당하면 어떡하지? 회사에서 잘려 거리에 나앉게 되면 어떡하지?

한마디로 불안은 일종의 '선제적 스트레스'다. 회사에서 상사에게 호되게 질책을 당하면 당연히 스트레스를 받는다. 그런데 질책을 당하기 전 '출근해서 부장님한테 깨지면 어떡하지?'라는 생각이 든다면, 그것이 불안이다. 두 경우 모두 뇌와 신체에서 일어나는 반응은 기본적으로 같다. 차이점이 있다면 스트레스는 위협 때문에 촉발되는 반면, 불안은 '잠재적' 위협을 떠올림으로써 촉발된다는 것이다. 실제로 불안의 형태는 매우 다양하지만, 기본적으로 모든 불안은 뇌가 우리에게 뭔가가 잘못됐다고 알리면서 스트레스 대응 시스템을 활성화하기 때문에 일어난다. 그리고 그 '뭔가'는 막연하고 비현실적인 것일 수도 있다. 분명 뇌는 뭔가가 잘못됐다는 느낌을 자꾸 우리에게 주고 싶어 한다.

내 안의 뭔가가 고장 난 것 같을 때 ○

스물여섯 살의 남성이 나를 찾아와 다음과 같은 이야기를 들려줬다.

밤잠을 설치고 출근하는 길이었습니다. 그날 예정된 중요한 미팅 때문에 스트레스를 받고 있었죠. 8시 좀 넘어서 지하철을 탔습니다. 중요한 자료를 마지막으로 한 번 더 검토할 수 있도록 앉을 자리가 나길 기대했지만, 출근 시간대라 사람이 무척 많았어요. 그런데 어느 순간 실내 전등이 모두 꺼지더니 지하철이 갑자기 멈춰 섰어요. 캄캄한 어둠 속에서 저는 심한 공황 상태에 빠졌습니다. 전에 느껴본 적 없는 극심한 두려움이 엄습했어요. 심장이 쿵쾅거리고 정신이 혼미해졌어요. 어떤 딱딱한 껍데기가 몸을 꽉 죄어오는 것 같았죠. 가슴에 통증이 느껴지고 호흡까지 곤란해지더군요. 멈춰 있는 그 어둡고 답답한 상자 같은 공간에서 빠져나가고 싶은 마음뿐이었습니다. 나도 모르게 바닥에 쭈그리고 앉았죠. 심장마비가 올 것 같고, 곧 죽을 것만 같았습니다.

사람들이 저를 쳐다봤어요. 몇몇은 저를 가리키면서 뭐라고 수군거렸고요. 바로 옆에 있던 사람들은 슬슬 저를 피해 먼 곳으로 이동했어요. 한 친절한 노부인이 몸을 숙이고 괜찮으냐고 물었습니다. 하지만 대답조차 할 수가 없었어요. 우습게도 그 와중에 이런 생각이 들더군요. 그 많은 장소 중에 하필 지하철 안에서 인생의 마지막 순간을 맞는다면 얼마나 슬픈 일일까.

잠시 후 지하철이 다시 움직이기 시작했습니다. 그사이 누군가가 구급차를 부른 모양이에요. 저는 다음 역에서 구급차에 실려 갔습니다. 세 시간 뒤에는 대학병원의 응급실 한쪽에서 검사 결과를 기다리고 있었습니다. 심전도와 혈액 검사 결과는 정상이었습니다. 의사 말로는 심장마비가 아니라 공황발작이라더군요. 의사는 현재 기분이 어떠냐고 물은 뒤 정신과 의사를 만나보라고 권했습니다. 저는 심전도 검사를 다시 해달라고 부탁했어요. 뭔가 착오가 있는 것 같아서요. 하지만 의사는 검사에 전혀 착오가 없다면서, 저 같은 상황을 겪는 사람이 대단히 많다고 했습니다.

일주일 후 이 남성을 만났을 때, 그는 그 사건이 있을 무렵 프로젝트 마감일과 인간관계 때문에 스트레스를 많이 받은 것은 사실이라고 말했다. 하지만 그렇다고 그렇게 갑자기 극도의 불안감이 심신을 덮치는 것은 이해가 가지 않는다고 했다. 그리고 왜 하필 지하철 안이란 말인가. 마치 자기 안의 뭔가가 고장 났다는 신호 같았다고 덧붙였다.

약 네 명 중 한 명이 살면서 한 번쯤 공황발작(가장 강도 높은 형태의 불안이다)을 경험한다. 공황발작이 일어나면 극심한 불안에 휩싸이고 종종 심박수 증가, 호흡 곤란, 통제력 상실감 등의 증상을 겪는다. 3~5퍼센트의 사람들이 반복적인 공황발작을 겪고,

그 결과 일상생활에 지장을 받는다. 이들은 지하철과 버스처럼 답답한 공간을 힘들어한다. 더러는 광장처럼 개방된 공간을 두려워하는 사람들도 있다. 공황발작이 또 발생할까 봐 계속 걱정하며 불안해하는 '예기 불안(anticipatory anxiety)' 역시 발작 자체 못지않게 고통을 초래할 수 있다.

공황발작을 처음 겪으면 대개 심근경색이 왔다고 생각하고 병원을 찾는다. 의사가 공황발작이라는 결론을 내린 뒤 가장 먼저 하는 일은 전혀 위험하지 않은 상태라고 환자를 안심시키는 것이다. 환자 자신은 꼭 심장이 멈출 것처럼 또는 호흡이 막혀 질식할 것처럼 느꼈을 텐데, 그런 일은 절대 없으리라고 말해준다. 그런데도 극도의 불안을 겪는 사람은 대개 자신에게 뭔가 심각한 문제가 생겼다고 확신한다.

공황발작을 겪을 때 신체와 뇌에서는 실제로 어떤 일이 일어날까? 공황발작의 진원지가 편도체라는 사실을 뒷받침하는 근거는 많다. 앞서 설명했듯 편도체는 주변 위험을 탐지하는 역할을 한다. 편도체가 위험할지 모르는 뭔가를 감지하고 경보를 울리면 우리 몸은 '투쟁-도피' 모드로 돌입한다. 그러면 스트레스 대응 시스템이 작동하면서 맥박과 호흡이 증가한다. 뇌는 몸이 보내는 이 신호들을 실제로 위험이 임박했다는 증거로 잘못 해석하고 훨씬 더 적극적으로 작동한다. 그에 따라 맥박과 호흡이 한층 더 증가하고, 뇌는 이를 위험이 다가왔다는 훨씬 더 확실한 증거라고 믿는다. 그러면서 우리는 걷잡을 수 없이 극심한 공황 상태에 빠진다.

화재경보기 원칙 ○

이런 오해의 악순환이 일어나는 것이 뇌가 고장 났다는 의미라고 생각하기 쉽다. 하지만 앞서 말한 환자의 반응을 진화생물학의 관점에서 바라보자. 공황발작의 진원지인 편도체는 민첩하긴 하지만 엉성하다. 이를 테면 일을 빨리하지만 대충 하는 사람과 비슷하다. 편도체는 이른바 '화재경보기 원칙'에 따라 작동한다. 주방에 설치된 화재경보기가 불필요하게 울리더라도(예컨대 음식이 타서 연기가 났을 때), 우리는 불이 나면 경보기가 울린다고 알고 있으므로 그 경보음을 믿을 것이다. 편도체도 그런 식으로 작동한다. 즉 진짜 위험을 단 한 번도 놓치지 않기 위해 경고음을 지나치게 자주 울리는 경향이 있다.

그렇다면 '지나치게 자주'란 무슨 뜻일까? 미국의 정신과 의사 랜돌프 네스(Randolph Nesse)는 이렇게 설명한다. 당신이 사바나 초원에 사는데 풀숲에서 부스럭거리는 소리가 들린다. 그냥 바람 소리일 가능성이 크지만 맹수일 가능성도 약간 존재한다. 이때 당신이 두려움을 느껴 도망친다면 약 100칼로리의 비용이 발생한다. 이는 도망칠 때 몸에서 연소되는 열량이며, 그것이 바람 소리였을 경우 당신이 잃게 되는 에너지다. 하지만 만일 뇌가 스트레스 대응 시스템을 작동하지 '않았는데' 부스럭거리는 소리의 주인공이 맹수라면, 당신은 10만 칼로리의 비용을 치러야 한다. 즉, 당신이 맹수에게 잡아먹힌다는 얘기다. 맹수일 확률이 1,000분의 1일지라도 당신은 매번 도망치는 편이 낫고, 따라서 뇌는 필요한 것보다 1,000배 더 자주 스트레스 대응 시스템을 가동한다.

당신은 과장된 예시라며 코웃음을 칠지 모른다. 하지만 이는 지금보다 훨씬 더 위험한 환경에서 엄청나게 오랜 세월 동안 인간의 내부 경보 시스템이 조정된 이유를 알려준다. 사방의 위험을 주시하고 항상 대비책을 세우는 사람은 모닥불 옆에 앉아 긴장을 풀고 쉬는 사람보다 살아남을 확률이 더 높았다. 늘 위험을 경계하고 대비책을 생각하는 이런 경향이 바로 요즘 말로 하면

'불안'이다. 그리고 몸의 스트레스 대응 시스템이 강하게 작동해 당장 도망치고 싶다는 강렬한 욕구를 느끼는 현상은 요즘 말로 '공황발작'이다.

공황발작이 수백 번 일어났는데 그중 한두 번만 목숨을 건졌다고 해도, 이후 뇌가 지나치게 조심하는 전략을 택하기에는 충분하다. 따라서 공황발작은 일종의 거짓 경보인 동시에 뇌가 당연히 해야 할 일을 하고 있다는 신호다. 음식이 탔을 때 경보음을 울리는 화재경보기가 제 할 일을 하는 것이듯 말이다. 우리의 스트레스 대응 시스템이 지나치게 적게가 아니라 지나치게 자주 작동하는 것은 사실 생존이라는 목적에 이로우며, 몸의 심각한 결함도 아니다.

그렇다면 이런 의문이 들지도 모르겠다. 지나치게 민감한 스트레스 대응 시스템 덕분에 인간이 생존할 수 있었다면, 왜 아주 사소한 일로는 공황에 휩싸여 달아나지 않는 건가? 어떻게 대다수 사람은 태연하게 지하철을 타고 다닐 수 있는가? 우리 조상 중 극도로 경계심이 강한 이들이 사자에게 잡아먹히거나 독사에게 물리거나 낙석에 맞는 일을 피할 확률이 가장 높았던 것 아닌가? 그러나 우리가 하루 24시간 내내 불안에 휩싸여 신경이 곤두서지 않는 이유는 자연의 모든 것이 절충의 결과물이고 모든 것에는 대가가 따르기 때문이다. 기린은 긴 목과 다리 덕분에 다른 동물에겐 닿지 않는 높은 곳의 나뭇잎을 먹을 수 있다. 하지만 만일 다리가 '너무' 길면 쉽게 부러질 위험이 있다. 날씬한 영양은 빨리 달릴 수 있지만, 너무 말라서 체내에 저장한 지방이 없어지면 식량이 부족할 때 꺼내 쓸 에너지가 없어진다. 우리 조상 중 늘 사방을 경계하는 이들은 사고나 맹수의 공격으로 죽을 가능성이 더 작았을 것이다. 그러나 만약 말 그대로 '모든 것'이 목숨을 위협한다고 느끼고 자기 자신의 그림자에도 화들짝 놀라 도망쳤다면, 식량을 구하거나 짝을 찾는 데 필요한 용기도 내지 못했을 것이다. 다시 말해, 유용한 특성이라도 지나치면 거의 항상 대가가 따른다.

또 당신은 지하철에서 일어나는 '모든' 공황발작은 생존이라는 목적과 관련이 없고 의미 있는 기능도 없다고 말할지 모른다. 물론 맞는 말이다. 하지만 오늘날의 관점으로 생각하는 대신, 과거 조상들에게 어떤 상황에서 그런 신체 반응이 필요했을지 생각해봐야 한다. 그런 상황이 흔하게 발생했을까? 생존이라는 관점에서 볼 때, 특정 상황에서 어떻게든 벗어나는 일이 인간에게 유용했을까? 답은 '그렇다'다. 따라서 우리 내부의 방어 기제가 지하철에서의 공황발작처럼 심각한 결과를 낳을 수 있다는 것도, 그 방어 기제가 언제든 작동할 수 있다는 것도(지나치게 적게가 아니라 지나치게 자주 작동하는 편이 더 낫다) 놀랄 일이 아니다.

우리가 오늘날처럼 안전한 세상에서도 불안을 느끼는 주된 이유는 여전히 뇌의 경보 시스템이 인류의 절반이 10대가 되기 전에 죽던 세상에 맞춰져 있기 때문이다. 그 세상에서는 상상 가능한 (때로는 상상 불가능한) 모든 위험을 경계하는 능력이 생존 확률을 높여줬다. 당신과 나는 그 생존자들의 후손이며, 유전적 요인이 불안에 대한 민감성에 미치는 영향은 약 40퍼센트에 달한다. 그 때문에 우리는 세상을 실제보다 더 위험하다고 느낄 수밖에 없다.

이 모든 것을 고려하면 불안은 전혀 이상한 현상이 아니다. 오히려 불안을 겪지 '않는' 사람이 이상한 것이다! 건강한 팔은 무거운 물건을 들어 올릴 수 있고 건강한 다리는 빨리 달릴 수 있다. 그러나 건강한 뇌는 스트레스와 고통, 외로움에 대한 면역력이 없다. 오히려 뇌는 어떻게든 우리가 그런 일을 겪게 한다. 때로 뇌는 불안한 느낌을 만들어내거나 움츠러들게 하거나 세상을 위험한 곳으로 인식하게 한다. 당신이 이런 현상을 뇌가 고장 났거나 아프다는 의미로 여긴다면 뇌의 가장 중요한 목적이 생존임을 잊은 것이다. 만약 조상들이 불안을 쉽게 느끼지 못했다면 당신과 나는 지금 이곳에 존재하지 않을 것이다. 우리는 이 사실을 알 필요가 있다. 지하철에서 공황발작을 일으킨 환자처럼, 불안을 느끼는 많은 이들이 틀림없이 자신에게 문제가 있다고 확신한다. 하지만 불안감이 사실은 뇌가 정상적으로 작동하고 있다는 신호라는 사실을 인식하면 마음이 한결 편해질 것이다.

> **건강한 팔은 무거운 물건을 들어 올릴 수 있다. 그러나 건강한 뇌는 스트레스에 대한 면역력이 없다. 오히려 뇌는 어떻게든 우리가 그런 일을 겪게 한다.**

지하철에서 공황발작을 겪은 그 환자는 실제로 다음과 같이 말했다. 공황발작이 뇌가 당연히 할 일을 하고 있음을 보여주는 거짓 경보임을 깨닫자 마음이 편해졌다고, 또 그런 일이 일어나도 위험하지 않다는 사실을 받아들이게 됐다고 말이다. 그리고 그 후로는 공황발작 횟수가 줄었다! 또 다른 환자는 '내가 지금 두려움을 느끼는 건 편도체 때문이야'라고 생각하면 마음이 한층 진정된다고 말했다. 이런 관점에서 보면 공황발작뿐 아니라 외상후스트레스장애(post-traumatic stress disorder, PTSD) 역시 이해할 수 있다.

우리는 왜 뱀과 발표를 두려워할까

불안이 진화가 남긴 유산과 관련 있다는 말이 선뜻 믿기지 않는가? 그렇다면 비정상적일 만큼 강렬한 두려움인 공포증(phobia)을 생각해보자. 공포증을 일으키는 가장 흔한 원인은 사람들 앞에 나서서 말하는 것, 높은 곳, 좁은 공간, 탁 트인 넓은 공간, 뱀, 거미 등이다. 이 모두의 공통점은? 오늘날에는 이것들 때문에 죽는 사람이 거의 없지만, 오랜 세월 동안 우리 조상에게 위험 요인이었다는 것이다.

유럽에서 뱀에 물려 죽는 사람은 연평균 네 명이다. 이를 교통사고와 비교해보라. 유럽에서는 매년 약 8만 명이, 전 세계적으로는 130만 명 이상이 교통사고로 목숨을 잃는다. 그렇다면 우리는 뱀을 무서워할 것이 아니라 자동차를 보기만 해도 두려움에 떨어야 옳다.

사람들 앞에서 말하는 것은 어떨까? 쉰 살 생일파티에서 소감을 밝히며 말을 더듬거나 학교 또는 직장에서 발표를 망쳤다고 목숨을 잃을 가능성은 매우 희박하다.

한편 매년 700만 명이 흡연 때문에 목숨을 잃고 500만 명이 신체 활동 부족으로 젊은 나이에 사망한다. 그런데 왜 사람들은 남들 앞에서 말하는 상상만 해도 두려움에 시달리면서 담배와 푹신한 소파는 대수롭지 않게 여기는 것일까?

흡연과 신체 활동 부족은 오랜 세월 동안 인간에게 위험 요인이 아니었고 따라서 그에 대한 두려움도 발달하지 않았다. 반면 남들 앞에 나서서 말하는 것은 집단에서 배제당할 위험이 내포된 행동이었다. 말한 내용 탓에 미움이나 비난을 받으면 무리에서 거부당할 수 있기 때문이다. 우리 조상들에게 무리에서 배제되는 것은 치명적 위험이었다. 집단에 소속되는 것은 식량을 확보하는 것 못지않게 생존에 중요했다.

따라서 뇌는 사람들 앞에서 말하는 것을 생명에 대한 잠재적 위협으로 간주한다. 청중 앞에서 하는 발표와 뱀이 여전히 많은 이들에게 강한 두려움을 일으킨다는 사실은 우리의 불안 민감성이 지금과 다른 세계에서 형성됐다는 분명한 신호다.

끝없이 재생되는 고통스러운 경험 　○

2005년 여름 응급 정신과 병동에서 근무할 때 50대 초반의 여성 환자를 만났다. 그녀는 7개월 전에 태국으로 가족 여행을 갔다가 끔찍한 쓰나미를 경험했다. 다행히 그녀의 일행은 고지대의 호텔에 묵어서 목숨을 건졌는데, 간호사인 그녀는 사람들을 도우려고 인근 병원으로 달려갔다. 그리고 그곳에서 끔찍한 장면을 목격했다. 병원은 심각한 부상을 당했거나 이미 목숨을 잃은 수많은 사람으로 아수라장이었고 그중 다수가 어린아이였다.

스웨덴으로 돌아온 그녀는 처음엔 불안감에 시달렸지만 곧 일상을 회복했다. 하지만 몇 달 후 자신과 아이들이 물에 빠져 죽는 악몽을 꾸기 시작했다. 꿈이 어찌나 생생하고 고통스럽던지 밤에 잠자리에 드는 것 자체가 두려웠다.

낮에는 태국 병원에서 겪은 일을 다시 생생하게 경험하는 듯한 플래시백(flashback)에 시달렸다. 그래서 태국 여행을 조금이라도 떠올리게 하는 것은 무조건 피하려 애쓰기 시작했다. 구독하던 신문도 끊었고 TV 뉴스도 보지 않았다. 하지만 그래도 소용이 없었다. 여권을 갱신했던 관공서가 있는 동네에만 가도 극심한 불안이 밀려왔다. 그녀는 점점 더 많은 장소를 피하게 됐다. 자신의 삶이 점점 쪼그라들어 없어지는 기분이었다. 그녀는 "인생에 대한 통제력을 잃어버렸어요. 더는 내 삶의 주인이 아닌 것 같아요"라고 말했다.

그녀는 PTSD를 겪고 있었다. 이는 직접 경험하거나 목격한 충격적인 사건에 대한 고통스러운 기억 때문에 극심한 불안을 겪는 것을 말한다. 낮에는 이런 경험이 플래시백으로 나타나고 밤에는 악몽의 형태로 찾아온다. PTSD를 겪는 사람은 끊임없이 불안에 시달리며, 그 사건을 조금이라도 연상시킬 것 같은 대상이나 상황은 무조건 피하려고 한다.

PTSD가 연구되기 시작한 것은 전쟁에서 돌아온 군인들의 증상 때문이었다. 그들 중 다수가 플래시백과 악몽, 과잉 경계 반응 등의 증상을 보였는데 이 증후군의 이름이 처음부터 PTSD는 아니었다. 제1차 및 제2차 세계대전에 참전한 군인의 증상은 '포탄 쇼크(shell shock)' 또는 '전쟁 신경증(war neurosis)'이라고 불렸다. 이후 베트남전쟁 참전 군인을 연구하면서 PTSD라는 명칭이 확립되어 널리 알려졌다.

PTSD는 많게는 참전 군인의 3분의 1에게 나타나지만 꼭 전쟁이나 자연재해를 경험해야 발생하는 것은 아니다. 학대나 괴롭힘, 성폭행 같은 외상 경험도 PTSD를 일으킬 수 있다. 가정 폭력을 당했거나 목격한 사람도 마찬가지다.

정신적 외상을 입으면 뇌는 그 경험이 여전히 계속되고 있다고 믿는다. 앞서 말한 여성 환자의 경우처럼 말이다. 뇌가 끔찍한 사건을 반복적으로 재현해 그녀를 밤낮으로 불안에 빠뜨리는 것이 자연의 잔인한 속임수처럼 느껴질 것이다. 지구 반대편에서 7개월 전에 일어난 일을 자꾸 상기시키는 이유가 대체 뭐란 말인가? 이를 이해하려면 먼저 기억이 무엇인지를 살펴봐야한다.

현재와 미래를 위해 일하는 기억   ○

앞서 말했듯이, 느낌은 생존을 돕기 위해 발달했다. 무언가를 기억하는 능력도 마찬가지다. 우리는 추억에 잠기기 위해서가 아니라 생존하기 위해 기억한다. 사실 우리의 기억은 과거와 아무상관이 없으며, 현재 순간을 돕는 뇌의 도구일 뿐이다. 매 순간 뇌는 기억을 끄집어내 행동을 유도하며, 이때 당신이 경험하는 현재 상황과 가장 관련성이 크다고 여겨지는 기억을 선택한다. 연말연시에 어느 해의 크리스마스를 떠올리면 바로 엊그제 일처럼 느껴지지만 여름에 떠올리면 훨씬 더 오래전 일처럼 느껴지는 게 그 때문이다.

뇌는 엄청난 저장 용량을 갖추고 있지만 우리가 경험한 모든 것을 상기해내지는 못한다. 만일 우리가 살면서 겪은 모든 사건과 모든 순간에 대한 기억을 늘 샅샅이 훑어야 한다면 상황을 이해하거나 행동을 취하는 게 너무 느려질 것이다. 따라서 뇌는 무엇을 기억할지 선택하며, 그 선택 작업 대부분은 밤에 자는 동안 이루어진다. 우리가 자는 동안 뇌는 낮에 일어난 일을 꼼꼼히 살펴 기억으로 저장할 것과 잊을 것을 결정한다. 이 선택은 아무렇게나 이뤄지지 않는다. 뇌는 생존에 중요하다고 판단한 내용, 특히 위험과 관련한 경험을 먼저 기억에 저장한다.

위험을 감지하고 경고를 보내는 역할을 하는 아몬드 모양의 편도체는 뇌의 기억 중추인 해마(hippocampus) 바로 앞쪽에 있다. 편도체와 해마가 이웃해 있다는 사실은 강렬한 정서적 경험과 기억이 매우 밀접히 연관돼 있음을 보여준다. 어떤 경험을 할 때 강한 정서 반응이 일어난다면, 그 경험이 생존에 중요하므로 뇌가 먼저 처리해야 한다는 신호다. 위험을 마주하고 편도체가 활성화되면 해마가 현재의 경험에 주목해야 한다는 신호를 전달받고 선명한 기억을 형성한다. 앞서 말한 환자는 쓰나미를 경험하고 7개월이 지난 후에도 마치 어제 일처럼 생생히 기억했다. 그 사건과 연결 고리가 아주 희미한 외부 자극(예컨대 여행을 떠나기 전 여권을 갱신한 동네에 가는 것)만 있어도 그 기억은 쉽게 상기됐다.

뇌가 외상성 경험을 한 후 쉽게 소환할 수 있는 선명한 기억을 만드는 것은 잘못된 일이 아니다. 뇌의 가장 중요한 목적은 어떻게든 살아남는 것이니까. 따라서 뇌는 우리가 또다시 그와 유사하게 생명이 위험해지는 상황을 겪지 않게 하려고 안간힘을 쓴다. 만일 그럼에도 또다시 같은 상황에 처한다면 뇌는 우리가 지난번에 그 일을 어떻게 극복했는지 선명한 이미지를 재빨리 상기시키려고 애쓸 것이다. 파도에 휩쓸려 익사할 가능성이 없는 스웨덴 길거리에서 태국의 고통스러운 기억이 떠오른다는 것이 이상하게 느껴질지 모른다. 하지만 뇌는 우리가 비행기를 타고 8,000킬로미터 떨어진 곳도 수월하게 오가는 세상에서 산다는 사실에 아직 적응하지 못했다.

과거의 외상 경험과 눈곱만큼이라도 비슷한 무언가를 만나면 뇌는 우리를 보호하기 위해 그 기억을 끄집어낸다. 뇌가 가장 중요하므로 꼭 저장해야 한다고 여기는 기억은 우리 입장에서는 사실 잊고 싶은 일인 경우가 많다. 이는 PTSD를 겪는 사람뿐 아니라 누구에게나 해당한다. 아마 당신에게도 이따금 떠오르는 고통스러운 기억이 있을 것이다. 그것은 뇌가 똑같은 일이 다시 발생하지 않게 막고 싶어 한다는 의미다. 그리고 뇌는 그 기억을 자꾸 재생함으로써 당신이 과거에 그 일에 어떻게 대응했는지 상기시킨다. 그것이 우리의 정신 건강에 부정적 영향을 미친다는 사실은 뇌 입장에서는 부차적인 문제다. 알다시피 뇌는 행복감이 아니라 생존을 위해 설계됐기 때문이다.

경험을 밖으로 꺼내라   ○

고통스러운 기억을 반복해서 떠올리게 하는 것이 사실은 우리를 과보호하는 뇌의 친절함 때문이라는 설명이 PTSD를 겪는 사람에게는 별로 위안이 안 될 것이다. 그럼에도 뇌 입장에서 바라보면 PTSD의 실체를 이해하는 데 도움이 될 뿐 아니라 완화하고 치료할 중요한 열쇠를 얻을 수 있다. 이는 우리가 어떤 기억을 끄집어낼 때마다 그 기억이 불안정해지고 변형된다는 사실과 관련된다. 실제로 기억은 떠올릴 때마다 변한다.

기억이 변한다는 말이 이상하게 들릴 것이다. 사람들은 기억을 언제든 열어서 시청할 수 있는 유튜브 동영상처럼 여기는 경향이 있으니까 말이다. 유튜브 영상은 나중에 다시 재생해도 똑같은 화면을 볼 수 있다. 그러나 심리학 연구에 따르면 기억은 계속해서 업데이트와 편집이 이루어지는 위키피디아 페이지와 더 유사하다. 이 업데이트는 우리가 기억을 떠올릴 때 일어나곤 한다.

예를 들어보겠다. 혹시 처음으로 학교에 간 날, 그러니까 초등학교에 입학한 날을 기억하는가? 칠판 앞에 서 있는 선생님, 단정하게 차려입은 친구들, 흥분과 기대감으로 들뜬 기분 등이 생각날 것이다. 그때를 회상하는 지금 이 순간 등교 첫날에 대한 당신의 기억은 실제로 조금씩 바뀌고 있다. 어떻게 바뀌느냐는 현재 당신이 무엇을 경험하거나 느끼고 있느냐에 달려 있다. 다시 말해 현재 마음 상태에 따라 그 기억의 색깔이 달라진다. 지금 기분이 좋으면 그 기억은 좀 더 긍정적으로 변하고, 우울하면 그 기억은 좀 더 부정적으로 변한다.

기억이 이런 식으로 변하는 이유는 뭘까? 기억의 주된 임무가 경험을 객관적인 그림으로 보여주는 것이 아니라 생존을 돕는 것이기 때문이다. 당신이 숲속을 걷다가 늑대의 공격을 받았는데 간신히 도망쳐 목숨을 건졌다고 치자. 이때 뇌는 쉽게 소환할 수 있는 선명한 기억을 형성한다. 당신이 같은 장소에 다시 가는 것을 막기 위해 또는 가더라도 극도로 경계심을 가져 재빨리 반응하게 하기 위해서다. 하지만 만일 같은 장소에 갔는데 이번에는 늑대를 만나지 않았다고 가정하자. 그다음에 갔는데도 늑대를 만나지 않았다. 그다음에 또 갔는데도 마찬가지였다. 그러면 이제 그 장소에 대한 원래의 기억이 바뀌기 시작한다. 당신에게 그곳은 굉장히 무서운 곳이었다가 약간 덜 무서운 곳으로 변한다. 적절한 수준의 두려움에 맞춰지도록 뇌가 기억을 업데이트

하는 것이다.

만일 당신이 똑같은 길을 백 번 지나갔는데 늑대를 만난 게 그 중 한 번뿐이라면, 백한 번째 갔을 때 늑대를 만날 확률은 매우 낮다. 따라서 우리가 흔히 '훌륭한' 기억력이라고 여기는 것(즉 일어난 일에 대한 정확한 그림)이 뇌 입장에서 보면 꼭 바람직한 것은 아니다. 기억은 변할 수 있고 또 그래야만 한다. 우리에게 가능한 한 최선의 길잡이가 되기 위해, 기억은 소환되는 현재 상황에 비춰 업데이트되어야 한다.

이런 사실은 PTSD를 치료하는 데 매우 유용하다. PTSD 환자가 안전하다고 느끼는 환경에서 과거의 고통스러운 기억을 끄집어내 이야기하면 그 사건이 주는 위협감이 점차 줄어든다. 다만 그 경험을 언어로 풀어놓되, 가까운 친구나 심리 치료사와 함께 있을 때처럼 편안하고 안전한 환경에서 해야 한다. 특별히 극심한 고통이 느껴지는 기억이라면 먼저 글로 적어보는 것도 좋은 방법이다.

안전한 환경에서 고통스러운 기억(사고, 괴롭힘, 학대 등)을 이야기하는 것은 숲속의 같은 장소를 다시 갔는데 늑대를 만나지 않는 경험과 같은 효과를 낸다. 그 경험과 기억이 서서히 그러나 확실하게 덜 두려운 것으로 변한다. 신경학적으로 볼 때 고통스러운 기억을 억누르려 하는 것은 잘못된 전략일 때가 많다. 그렇게 하면 기억이 절대 변하지 않기 때문이다. 오히려 더 강하게 굳어버린다.

가장 극심한 형태의 불안인 공황발작과 PTSD는 뇌가 우리를 보호하는 방식이다. 다른 모든 종류의 불안도 마찬가지다. 뇌는 우리가 경계심을 갖길 바라고 안전을 최우선으로 여긴다. 그러니 이것만은 꼭 기억하길 바란다. 불안은 위험한 감정이 아니다. 그렇다고 대수롭지 않은 감정이라는 말은 아니다. 오히려 그 반대다. 불안에 휩싸이면 극도로 고통스럽다. 어떤 형태로든 극심한 불안을 겪어본 사람은 그것이 삶을 집어삼킬 수도 있음을 잘 안다. 그냥 가만히 앉아서 극심한 불안감이 저절로 사라지기를 바라는 것은 입으로 후 불어서 폭풍의 방향을 바꾸려고 하는 것과 같다. 불안은 저절로 사라지지 않는다.

우리는 비행기가 추락하거나 지하철 안에서 질식사할 가능성이 대단히 작다는 것을 잘 안다. 하지만 강렬한 불안감에 압도된 순간에는 그 사실을 알아도 아무 소용이 없다. 논리적 반론을 불안이 제압해버려 다른 생각은 전혀 할 수가 없는 탓이다. 그리고 바로 그게 중요한 점이다! "두려움을 잊고 즐거운 생각을 떠올리자!", "긍정적으로 생각하자!" 같은 뻔한 말로 불안을 떨쳐낼 수 있다면 불안은 애초에 생겨나지도 않았을 것이다. 불안이 그렇게 쉽게 물리칠 수 있는 것이라면 인간의 행동에 영향을 미칠 만큼 강력한 녀석도 못 됐을 것이다.

언제 도움을 구해야 할까? ○

누구나 살면서 어느 시점에는 불안을 경험한다. 그런데 '정상적인' 불안과 도움을 구해야 하는 불안을 어떻게 구별할까? 일단 불안 때문에 일상생활에 지장을 받는다면 도움을 구하는 것이 좋다. 하고 싶은 일('해야 하는' 일이 아니라)이 있는데 강한 불안감 때문에 계속 피하고 있다면 도움을 받을 필요가 있다. 파티나 네트워킹 모임에 참석하는 일이든, 영화관에 가는 일이든, 여행을 떠나는 일이든 말이다.

사람들은 어떤 일을 하는 것을 상상만 해도 마음이 불편하고 불안하면 그 일을 아예 피하곤 한다. 불안장애 치료에서 깨트리려 하는 것이 바로 그런 패턴이다. 불안을 일으키는 대상에 천천히 시간을 두고 통제된 방식으로 당신을 노출하면, 뇌가 자신의 화재경보기가 약간 과민하다는 사실을 깨닫고 덜 민감하게 반응할 수 있다. 시간이 걸리긴 하지만, 고통스러운 경험을 말로 풀어냄으로써 그 기억을 변화시킬 수 있다. 어쨌든 우리는 맹수와 마주치는 한 번을 피하기 위해 풀숲이 부스럭거릴 때마다 천 번을 도망치도록 설계된 존재니까 말이다. 사람들 앞에 나가 말하는 두려움을 극복하려면 두세 번 해보는 것만으로는 충분치 않다. 수없이 연습해야 한다. 그러나 시간이 흐르면 대개 보상이 돌아온다.

대부분 불안장애에서 치료의 출발점은 자신이 세상을 실제보다 더 위험하고 두려운 곳으로 느낀다는 점을 인지하는 것, 그리고 그런 생각에 끌려가지 말아야 함을 깨닫는 것이다. 하지만 아는 것과 실천하는 것은 다른 문제다. 내 환자들이 불안을 떨쳐내는 데 큰 도움이 된 전략은 불안을 뇌의 입장에서 보는 것이었다. 뇌는 우리에게 현실을 있는 그대로 보여주지 않으며 생존하는 데 필요한 관점으로 보게 한다. 뇌가 세상을 위험하고 우울한 곳으로 본다는 것은 우리가 '약한' 존재라는 의미가 아니다. 오히려 제 임무를 충실히 수행하는 건강한 뇌를 갖고 있다는 의미다.

대개 사람들은 치료를 받으면 상태가 호전된다. 진화생물학에 관심이 많은 정신과 의사인 나는 생존이라는 목적에 기여하기 위해 불안이 강력해질 수 있다는 것을, 또 사실 그래야만 한다는 것을 누구보다 잘 안다. 그럼에도 정신과 치료(특히 인지 행동 치료)의 효과와 뇌의 놀라운 변화 능력을 목격하며 늘 놀란다. 정신과 치료만 효과가 있는 것은 아니다. 흔히 간과되지만 대부분 종류의 불안에 놀랍도록 효과적인 치료법은 신체 활동이다. 물론 신체 활동에는 불안 완화 이외에 긍정적인 부수 효과도 많다. 운동은 천천히 조금씩 시작해야 한다. 몸을 격렬하게 움직이면 심박수가 증가하고, 이를 뇌가 위험이 다가온 것으로 잘못 해석해 더 심한 불안으로 이어질 수 있다(신체 활동으로 불안을 관리하는 방법은 뒤에서 자세히 살펴볼 것이다). 또 극심한 불안을 겪는 많은 사람이 항우울제를 복용함으로써 효과를 본다. 그러므로 심각한 불안장애를 겪고 있다면 의사와 상의해보길 권한다.

다양한 치료법은 상호 배타적이지 않으며, 흥미롭게도 각기 다른 뇌 부위에 영향을 미치는 것으로 보인다. 신체 활동과 약 복용은 편도체처럼 깊숙한 뇌 부위의 경고 시스템을 가라앉힌다. 그에 비해 상담 치료는 전두엽 같은 가장 고차원적 사고를 담당하는 뇌 부위를 사용하게 하며, 불안감이 엄습할 때 정신적으로 관리하는 방법을 가르쳐준다. 대개 여러 방법을 함께 사용

3장 불안과 공황

069

할수록 효과가 크다. 불안 치료에서는 1 더하기 1이 종종 4나 5의 효과를 내므로 다각도에서 다룰수록 더 좋은 결과를 얻을 수 있다.

불안은 자연스러운 방어 기제다 ○

내가 어렸을 때는 사람들이 정신 질환에 대해 이야기하길 꺼렸다. 나는 '정신의학'이라는 말을 들으면 정신질환자에게 입히는 구속복과 벽에 자해 방지용 패드를 붙인 독방이 떠오르곤 했다. '불안증'도 정확한 의미를 알 수 없는 모호한 말이었다. 정신의학이나 불안증이라는 말을 들으면 잉마르 베리만(Ingmar Bergman, 음울하고 사색적인 분위기의 작품을 주로 만든 스웨덴 영화감독-옮긴이)의 영화가 떠올랐다.

요즘 아마존에 들어가면 불안에 관한 책을 6만 종 가까이 찾을 수 있고, 구글에서 '불안'을 검색하면 약 16억 개의 검색 결과가 나온다. 그래서 불안이 이전 시대에 없던 새로운 현상이라고 생각할지도 모르지만, 절대 그렇지 않다. 에피쿠로스(Epicurus, 기원전 4세기), 키케로(Cicero, 기원전 50년경), 세네카(Seneca, 서기 50년경) 같은 철학자들도 불안에 대해 논했다. 키케로와 세네카는 불안을 다스리는 법에 대한 조언도 남겼는데, 세계 최초의 인지 행동 치료 매뉴얼이라고 해도 과언이 아니다. 이처럼 불안은 인류의 역사만큼 오래된 현상이다. 다만 그것을 바라보는 방식이 바뀌었을 뿐이다.

오랫동안 불안은 미래를 신중히 대비하는 데 따라오는 맹점으로 여겨졌다. 발생 가능성이 있는 시나리오를 많이 상상할수록 피하고 싶은 시나리오도 늘어나고, 그에 대한 걱정도 커지기 마련이다. 우리는 고등한 뇌를 가진 덕분에 가능한 미래 결과를 지나칠 만큼 많이 예상하고, 우리의 행동이 다양한 결과를 낳을 수 있음을 이해한다. 이는 물론 계획을 세우는 데 도움이 되지만 불안의 원인도 될 수 있다. 일어나지 않았으면 하는 일들도 상기시키기 때문이다. 어찌 보면 불안은 인간이 똑똑한 탓에 치러야 하는 대가다.

그런데 20세기 초 오스트리아의 정신과 의사 지크문트 프로이트(Sigmund Freud)는 다른 이론을 제시했다. 그는 내면에 억압된 어린 시절의 고통스러운 기억 때문에 불안이 생겨난다고 생각했다. 그는 인간 정신을 일종의 전쟁터로 봤다. 잠재의식의 다른 부분들이 고통스러운 기억을 억누르려고 또는 끄집어내려고 서로 싸운다는 것이다. 그는 불안이 이런 내면 싸움의 결과라고 주장했다. 억압된 고통스러운 기억을 밝혀내 적절히 처리하면 내면의 싸움이 해결되고 불안도 사라진다는 것이 그의 주장이다.

내가 1920년대 오스트리아 빈에 살고 있고, 불안증에 시달리다가 프로이트의 병원을 찾아갔다고 상상해보자. 아마 이런 식으로 흘러갔을 것이다.

프로이트는 정신분석용 긴 소파에 나를 눕힌 뒤 흰 턱수염을 쓰다듬으면서 진지한 표정으로 가장 고통스러운 어린 시절 기억을 말해보라고 한다. 그러면 나는 특별히 고통스러운 기억이 없으며 행복한 어린 시절을 보냈다고 대답한다.

프로이트는 이렇게 말할 것이다. "그건 당신의 착각입니다! 당신의 신경증 성향은 당신이 억압하고 있는 과거의 고통에서 기인합니다. 편안한 상태에서 충분히 시간을 들여 생각해보면 당신이 숨기고 싶어 하고 해결되지 못한 정신적 외상이 분명히 발견될 겁니다. 나와 함께 이를 발견하고 해결할 수 있습니다. 당신은 어릴 적에 해변에서 부모님을 잃어버린 경험 또는 방을 깨끗이 치우지 않아서 부모님한테 심하게 맞은 일이 있을지도 모릅니다. 틀림없이 어떤 기억이 떠오를 겁니다. 내 말을 믿으십시오!"

분명 프로이트는 인간 내면 깊은 곳의 감정을 의식의 수면 위로 끌어냈다는 점에서 정신분석에 커다란 기여를 했다. 그러나 오늘날의 연구 관점에서 보면 불안에 관한 그의 생각은 다소 터무니없어 보인다. 프로이트의 이론을 그대로 받아들이는 이들은 점점 줄고 있다. 그의 이론에 따르면, 아이가 불안장애를 겪는 건 대개 부모 탓이라는 의미가 되기 때문이다.

물론 어릴 때 고통스러운 경험을 하면 불안장애를 겪을 가능성이 커지는 것은 사실이다. 유년 시절에 겪은 강렬한 스트레스는 뇌에 세상이 위험한 곳이라는 신호를 보내고, 그러면 뇌는 연기가 조금만 감지돼도 울려대는 화재경보기처럼 민감하게 반응하면서 경보 시스템을 작동시킨다. 그러나 오늘날 신경과학계와 심리학계에서는 불안이 '억압된' 어린 시절 기억 때문에 생긴다는 것을 뒷받침하는 어떤 근거도 발견하지 못했다. 그에 반해 불안 성향에 유전적 요인이 40퍼센트 정도 영향을 미친다는 연구 결과가 많다. 다시 말해, 불안 민감성의 상당 부분은 태어날 때 이미 결정된다.

잠깐 방향을 틀어 프로이트를 언급한 이유는 그가 단지 심리학자와 정신과 의사들에게만 큰 영향을 미친 것이 아니기 때문이다. 그는 화가 살바도르 달리(Salvador Dalí), 영화감독 스탠리 큐브릭(Stanley Kubrick)과 앨프리드 히치콕(Alfred Hitchcock)을 비롯해 수많은 작가와 예술가, 영화감독에게도 영향을 줬다. 프로이트의 이론은 이런 문화적 아이콘을 통해 한층 널리 퍼지면서 확실한 관심을 얻었으며, 인간 정신을 이해하는 관점에도 엄청난 영향을 끼쳤다. 프로이트는 불안을 삶의 정상적인 현상이 아니라 치료해야 하는 병적인 무언가로 바라보도록 사람들의 관점을 바꿔놓았다.

하지만 현재의 과학 지식에 더 부합하는 관점은 이것이다. 불안은 우리를 위험에서 보호해주는 자연스러운 방어 기제이며, 대개 뇌가 지극히 정상으로 움직이고 있다는 신호다. 어떤 이들은 방어 기제가 특별히 예민해서 불안을 더 강하게 겪는다(나도 이 그룹에 속한다). 반면 방어 기제가 덜 민감한 이들은 불안을 덜 경험한다. 어쨌든 대부분 사람의 공통점은 필요 이상으로 불안을 느낀다는 사실이다.

불안에 대한 프로이트의 이론은 한때 탁월하게 여겨졌을지 몰라도 사실 그저 추측에 지나지 않았다. 그렇다면 어째서 그토록 많은 이들에게 받아들여졌을까? 아마도 우리가 불안에서 완전히 벗어날 수 있다는 희망을 줬기 때문일 것이다. 물론 듣기만 해도 반가운 얘기다. 그러나 지금쯤이면 당신도 알겠지만, 진화의 관점에서 보면 별로 현실성이 없는 희망이다.

당신이 현재 불안을 겪고 있을지도 모르므로 이 말은 꼭 해둬야겠다. 이번 장의 내용을 읽고 내가 당신의 고통을 하찮은 것으로 여긴다고 오해하지는 말았으면 한다. 정신과 의사인 나는 불안이 얼마만큼 극심해질 수 있는지, 그리고 얼마나 큰 고통을 안겨주는지 숱하게 목격했다. 그러나 생물학적 관점을 취하면 불안을 더 넓은 시각으로 바라보게 된다는 사실을 분명히 알게 됐다. 내 환자들은 이렇게 생각하면서 마음의 안정을 되찾았다.

'지금 내 편도체가 활성화된 것일 뿐이야.'

'공황발작은 거짓 경보이고 내 뇌가 정상적인 기능을 하고 있다는 신호야.'

그러면 불안이 혼란스럽고 예측 불가능한 것이라는 생각을 덜어낼 수 있다. 어떤 환자는 불안을 좀 더 이해할 만한 정상적인 감정으로 느낀다. 우리 내면의 혼란에 목적과 구조가 있다는 사실을 인식하면, 안정을 되찾는 데 도움이 될 뿐 아니라 자신의 감정을 관찰자 입장에서 바라볼 수 있다. 인지 행동 치료든 정신 역동 치료든 대부분 치료법에는 감정을 외부 관점에서 보는 연습이 포함되는데, 내 경험에 따르면 불안을 뇌 입장에서 보는 것도 그와 같은 효과를 낼 수 있다. 한 걸음 물러나 자신의 감정을 관찰할 수 있기 때문이다.

이처럼 뇌 입장에서 바라보며 한층 안정을 되찾는 환자들을 보노라면 영화 〈오즈의 마법사〉 끝부분이 떠오른다. 이 장면에서 주인공 도로시는 마침내 마법사의 실체를 마주한다. 엄청난 능력을 지닌 무서운 마법사인 줄 알았지만 도로시의 강아지가 우연히 커튼을 열어젖히면서 그 모습이 드러난다. 도로시는 지금껏 자신이 두려워했던 대상이 마법사가 아니라 온갖 손잡이와 버튼이 달린 기계를 조작하는 볼품없는 노인이라는 것을 깨닫는다. 불안도 마찬가지다. 불안이 위험한 것이 아님을 깨달으면, 그리고 뇌가 툭하면 눌러대는 신경생물학적 버튼을 더 자세히 이해하면, 불안은 덜 두려운 것이 된다. 불안에 대해 더 많이 알수록 우리를 괴롭히는 불안의 힘은 약해진다. 그러면 우리는 자책감을 내려놓고 자신에게 좀 더 관대해질 수 있다. 자신을 더 동정 어린 시선으로 바라볼 수 있다.

그렇다고 하더라도, 불안이 일상생활을 망가뜨리고 있다면 누군가에게 도움을 청해야 한다. 불안에 휩싸이거나 나쁜 기분이 지속되어서 좋을 것은 없으니 말이다. 하지만 기억하라.

불안은 삶의 자연스러운 일부이며, 우리의 생존을 위한 조건이다. 불안이 전혀 없는 삶을 꿈꾸는 이들에게는 실망스럽겠지만, 대부분 사람은 그렇게 설계돼 있지 않다. 불안감이 든다고 해서 우리 뇌가 고장 났다는 의미는 아니라는 것을 잊지 말기 바란다.

불안을 가라앉히는 두 가지 방법

1. 호흡에 집중하기

심한 불안감에 휩싸일 때 호흡에 집중하는 것은 매우 빠르게 효과를 볼 수 있는 방법이다. 길게 숨을 내쉬면서 차분히 호흡하면, 우리 몸은 주변에 위험이 없다는 신호를 뇌에 보낸다. 신체 내부 기관의 활동을 조절하는 신경계는 우리가 의식적으로 통제할 수 없다. 이를 자율신경계라고 하며, 교감신경계와 부교감신경계로 이뤄져 있다. 교감신경계는 투쟁-도피 반응을, 부교감신경계는 소화 및 휴식을 담당한다.

호흡은 교감신경계와 부교감신경계의 상호 작용에 영향을 미친다. 숨을 들이마시면 교감신경계의 활동이 약간 증가해 우리를 투쟁-도피 반응 쪽으로 유도한다. 실제로 숨을 들이마시면 심장 박동이 약간 빨라진다. 운동선수들이 경기를 앞두고 몇 번씩 숨을 급히 들이쉬는 것도 이 때문이다. 그럼으로써 체내 투쟁-도피 반응을 활성화하는 것이다. 이와 반대로 숨을 내쉬면 부교감신경계의 활동이 증가한다. 즉 심장 박동이 약간 느려지고 투쟁-도피 반응이 가라앉는다.

따라서 불안감이 느껴질 때 차분하게 심호흡을 반복하되 들숨보다 날숨을 더 길게 하면 도움이 된다. 일반적으로 4초 동안 들이마시고 6초 동안 내쉬는 것을 목표로 하면 적당하다. 이는 자연스러운 호흡보다 긴 시간이므로 여러 번 연습해야 한다. 날숨을 길게 쉬는 심호흡은 뇌를 '속여서' 투쟁-도피 반응을 통제하는 매우 효과적인 방법이다. 대개 이 방법을 쓰면 불안감이 서서히 잦아드는 것을 느낄 수 있다.

2. 언어로 표현하기

심호흡만큼 간단한 또 다른 방법은 현재의 감정을 언어로 표현하는 것이다. 뇌의 전두엽은 이마 바로 안쪽에 있으며 고도의 인지 활동을 담당하는 부위다. 쉽게 표현하자면, 전두엽의 영역 중 내측 전두엽(medial frontal lobe)은 두 눈 사이에 있고 외측 전두엽(lateral frontal lobe)은 관자놀이 근처에 있다.

내측 전두엽은 주로 자신에게 집중한다. 이 영역은 몸 안에서 일어나는 일에 주목하고 감정 및 동기와 관련해 중요한 역할을 한다. 외측 전두엽은 뇌에서 가장 늦게 발달한 영역으로, 우리 주변에서 일어나는 일에 집중한다. 또 계획을 세우고 문제를 해결할 때 중요한 역할을 한다. 손가락으로 양쪽 눈썹 사이를 짚어보라. 그러면 당신 자신에게 집중하는 뇌 영역을 가리키는 것이다. 이제 손가락을 바깥쪽으로 움직여 눈썹이 끝나는 곳을 짚어보라. 그곳에는 주변 환경에 주의를 기울이는 뇌 영역이 있다.

흥미롭게도 전두엽이 활성화되면 편도체의 활동이 줄어든다. 한 실험에서 피험자들에게 화가 났거나 겁먹은 사람의 사진을 보여주자 그들의 편도체가 활성화됐다. 이는 별로 놀라운 일이 아니다. 화난 얼굴은 위협 요인으로 느껴지고, 겁먹은 얼굴은 주변에 조심해야 할 뭔가가 있다는 신호니까 말이다. 그런데 피험자들에게 자신들이 본 것을 언어로 표현하라고 하자("이 여성은 화가 났군요." "이 남성은 겁을 먹었어요.") 전두엽, 특히 외측 전두엽의 활동이 증가했다. 연구에 따르면 감정을 언어로 표현할 때 외측 전두엽(주변 환경에 집중하는 영역)이 활성화된다. 외측 전두엽 활성화는 편도체 활동을 가라앉히므로, 이를 감정 조절에 활용할 수 있다.

감정을 최대한 상세하게 언어로 표현하라. 자신이 느끼는 것을 구체적인 언어로 표현할수록 감정에 끌려가는 대신 감정을 객관적으로 바라볼 수 있다.

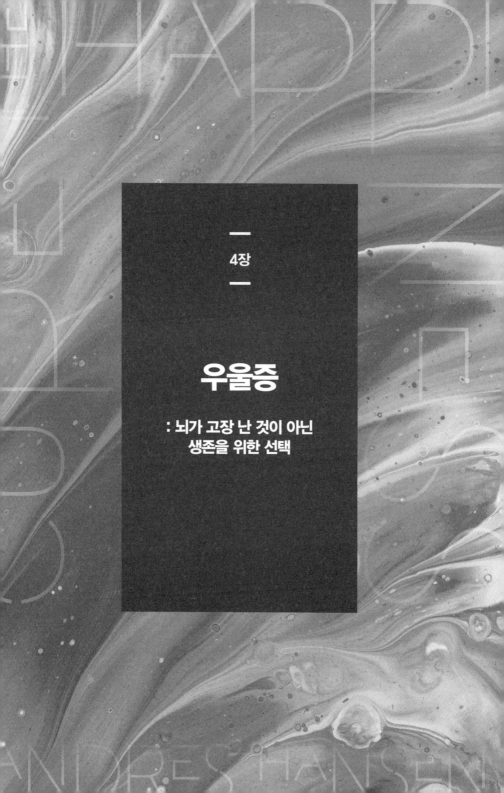

4장

우울증

: 뇌가 고장 난 것이 아닌
생존을 위한 선택

진화의 관점에서 보지 않는다면 생물학의 무엇도 이해할 수 없다.

테오도시우스 도브잔스키(Theodosius Dobzhansky), 유전학자이자 진화생물학자 지금까지 불안을 뇌 입장에서 바라봤다. 이제 또 다른 중요한 주제로 넘어가자. 바로 우울증이다.

세계적으로 여성 네 명 중 한 명이 살면서 한 번은 우울증을 경험한다. 남성은 일곱 명 중 한 명꼴이다. WHO의 추산에 따르면 약 2억 8,000만 명이 우울증을 앓고 있으며, 우울증은 건강 문제를 일으키는 세 번째로 큰 원인이다. 여기서 '우울증'이라는 포괄적 명칭을 쓰지만 2억 8,000만 명 모두가 똑같은 증상을 경험하는 것은 아니다.

우울증의 증상은 매우 다양하다. 그러나 기분이 울적하고 예전에 좋아했던 활동에 흥미를 잃는다는 공통점이 있다. 파티, 휴가, 친구 만나기 등 모든 것이 무의미하게 느껴진다. 게다가 이런 기분이 하루에 그치지 않고(하루쯤 울적한 날은 누구에게나 있다) 몇 주 또는 몇 달씩 계속된다. 우울증의 반대는 행복감이 아니라 활력이다. 우울증은 심리 활동이 일종의 '에너지 절약 모드'로 들어가 멈춰버린 것과 비슷하다.

모든 우울증 환자의 공통점은 과거에 좋아했던 일에서조차 흥미를 잃고 모든 게 무의미하게 느껴진다는 것이다. 그러나 이것만 빼면 양상이 매우 다양하다. 어떤 사람은 종일 피로감을 느껴 평소보다 훨씬 더 많이 잔다. 반면 어떤 사람은 불면증에 시달리거나 한밤중에 강렬한 불안을 느끼며 잠에서 깨곤 한다. 식욕이 증가해 몸무게가 급격히 느는 사람이 있는가 하면 완전히 식욕을 잃는 사람도 있다. 어떤 사람은 안절부절못하며 불안해하고, 어떤 사람은 극도로 심드렁해진다.

우울증이 신경전달물질인 세로토닌(serotonin)과 도파민(dopamine), 노르아드레날린(noradrenaline)의 결핍 때문에 생긴다고 흔히 생각하지만, 실제로는 그렇게 간단한 문제가 아니다. 물론 이 세 물질(항우울제는 이들 물질의 불균형을 복원해 대체로 긍정적 효과를 낸다)이 우울증에서 중요한 역할을 하는 것은 사실이다. 하지만 뇌를 '오로지 세 가지 재료로 만든, 맛의 균형이 무너진 수프'처럼 생각한다면 우울증의 복잡한 메커니즘을 제대로 이해할 수 없다. 우울증에는 뇌의 여러 부위와 시스템이 관련된다.

뇌 안에서 일어나는 일은 꽤 복잡하고 사람마다 다르지만, 우울증을 유발하는 가장 큰 원인은 스트레스다. 특히 장기간(며칠이나 몇 주가 아니라 몇 달 또는 몇 년) 지속되며 자신이 통제할 수 없다고 느끼는 스트레스가 원인이다. 그러나 스트레스만으로는 완전한 설명이 되지 않는다. 우울증에 걸리기 쉬운 유전적 소인도 개인마다 다르다. 유전적으로 우울증에 특히 취약한 이들은 그다지 특별하지 않은 사건(예컨대 직장 동료와의 갈등)이 주는 스트레스만으로도 우울증을 겪을 수 있다. 어떤 사람은 훨씬 더 강도 높은 스트레스를 받았을 때(예컨대 사랑하는 이를 잃는 일) 우울증을 앓는다.

그런가 하면 살면서 어떤 일을 겪어도 우울증에 빠지지 않는 사람도 있다. 이 모든 것은 '유전자가 장전하고 환경이 방아쇠를 당긴다'라는 유명한 관용구로 요약할 수 있다. 최근 몇십 년간 어떤 유전자가 장전하는 역할을 하는지 밝혀내기 위해 엄청난 연구가 진행됐다.

2000년 6월 빌 클린턴 미국 대통령은 인간 게놈의 초안이 완성됐다는 사실을 발표하면서 흥분을 감추지 못했다. "우리는 신이 생명을 창조할 때 사용한 언어를 알게 될 것입니다. (…) 이 엄청난 지식을 통해 이제 인류는 온갖 질병을 치료할 놀라운 능력을 얻을 것입니다." 새천년을 눈앞에 두고, 태곳적부터 인류를 괴롭혀온 질병과 고통을 정복하게 되리라는 희망이 반짝였다.

그로부터 20여 년이 흘렀다. 우리는 인류사의 획기적 성과인 인간 유전자 염기서열 분석이 수많은 질병의 치료 가능성을 열어줬다고 확실히 말할 수 있다. 그러나 예외인 영역이 있다. 정신의학, 특히 우울증이다. 과학자들은 우울증 유전자를 규명할 수 있기를 바랐다. 우울증의 생물학적 메커니즘에 관여하는 하나의 유전자를 발견해 약물로 손쉽게 고칠 수 있다면 얼마나 좋겠는가. 하지만 그런 유전자는 존재하지 않는다. 조울증이나 조현병, 불안장애도 마찬가지다. 이것들을 일으키는 단 하나의 유전자는 없다. 그 대신 과학자들은 수많은 유전자가 우울증 발생에 조금씩 영향을 미친다는 사실을 발견했다.

단일한 우울증 유전자를 규명할 수 있다는 희망이 사라지면서 수수께끼가 새로운 국면을 맞았다. 우울증 발생 위험에 영향을 미치는 유전자들을 대부분 사람이 갖고 있다는 사실이 드러났기 때문이다. 어째서 많은 사람이 그런 유전자를 갖고 있을까? 그런 유전자는 진화 과정에서 제거됐어야 하는 것 아닌가? 우울증은 현대인에게만 끔찍한 결과를 초래한 것이 아니다. 수렵채집인이었던 우리 조상들에게도 삶의 의욕을 잃고 무기력해지는 것은 생존에 결코 도움이 되지 않았을 것이다. 어째서 진화의 섭리는 우리를 우울증에 빠지기 쉬운 존재로 만들었을까?

뇌 입장에서 우울증은 바이러스와 관련 있다 ○

심한 불면증에 시달렸습니다. 침대에 눕고 나서 한 시간은 있어야 잠이 들었죠. 잠을 자다가도 심장이 심하게 두근거리고 미칠 듯한 불안감을 느끼면서 새벽 2시 반쯤 깨곤 했어요. 3주쯤 뒤에는 모든 게 멈춰버렸습니다. 만사가 귀찮아졌어요. 전화도 안 받았고 자꾸 상황 탓만 해댔어요. 점차 지인들도 제게 전화를 하지 않더군요.

그런데 얼마 후엔 반대가 됐어요. 아무리 자도 충분하지 않았어요. 열두 시간을 자도 전혀 개운하지가 않았습니다. 여전히 때때로 극심한 불안감에 휩싸였고요. 한번은 그냥 확 죽어버릴까 하는 생각도 해봤습니다. 그러면 고통이 끝날 테니까요. 너무 무기력했던 나머지 자살 방법을 알아볼 힘조차 없었던 게 천만다행이죠.

결국 전문가의 도움을 받으러 갔습니다. 약도 처방받고 치료를 받기 시작했습니다. 넉 달 후부터 조금씩 변화가 생겼어요. 하지만 속도가 너무 느려서 정말 나아지고 있는 건지 알 수가 없었어요. 여섯 달이 지나고 나서야 터널 끝의 빛이 보이기 시작했습니다. 지금은 괜찮아졌어요. 그 경험을 다시는 하고 싶지 않습니다. 무슨 일이 있어도 그때의 고통을 또 겪고 싶진 않아요.

자신의 항우울제 처방전이 적절한지 확인하고 싶다며 나를 찾아온 마흔세 살의 여성 간호사가 들려준 이야기다. 건강해 보이는 그녀가 과거에 그렇게 심한 우울증을 앓았다니 선뜻 믿기지 않았다. 어쩌다가 스스로 목숨을 끊을 생각까지 할 지경에 이르렀을까? 그녀는 정신적으로 무너지기 전에 있었던 일을 들려줬다. 오랫동안 심한 스트레스를 받았다고 했다. 두 아이가 학교생활에 잘 적응하지 못해 신경정신장애 검사를 받아야 했기 때문이다. 아이들과 관련한 스트레스는 스스로 관리할 수 있다고 느꼈지만, 그즈음 직장에서 업무량이 어마어마하게 늘어나면서 그녀는 한계선이 무너짐을 느꼈다. 부서의 워크플로를 재조직하는 임무를 맡았는데, 불필요해 보이는 일인 데다 자신이 통제할 수 있다는 기분도 들지 않았다. 1년 가까이 힘든 시간을 보낸 후 그녀는 마침내 그 업무에서 해방됐다. 그때쯤엔 학교와 아동 정신건강 서비스의 도움을 받은 덕분에 아이들 상태도 훨씬 좋아졌다. 그런데 모든 일이 잘 풀리고 있어서 행복해야 할 그때, 자살을 떠올릴 만큼 심각한 우울증이 찾아온 것이다. 그녀는 "경계심을 풀자마자 스트레스가 기다렸다는 듯이 나를 덮친 것만 같아요"라고 말했다.

나는 이 여성처럼 극심한 스트레스 시기가 지난 '후에' 깊은 우울증에 빠지는 환자를 숱하게 목격했다. 그래서 한때는 이를 뭔가 단단히 잘못됐다는 신호로 여겼다. 건강한 뇌라면 어려움에 적절히 대처하고 지속적인 스트레스를 이겨낸 후에는 더 강해져야 마땅한 것 아닐까? 힘든 운동을 하고 나면 몸의 근육이 더 강해지듯이 말이다. 그래서 스트레스가 지나가고 나서 우울증에 빠진다는 것은 뭔가 문제가 있다는 신호라고 생각했다.

우리는 우울증과 그 주요 원인인 스트레스를 인간관계의 측면에서 바라보곤 한다. 물론 심리사회적(psychosocial) 스트레스가 우리를 압박할 때가 많은 것은 사실이다. 그러나 뇌 입장에서 보면 우울증과 스트레스를 세균 및 바이러스와도 관련지어 생각해야 한다. 조금 이상하게 들리는가? 또는 그냥 추측 아니냐고 묻고 싶은가? 하지만 이것은 최근 수십 년간 이뤄진 획기적인 의학 연구 결과에 근거한 이야기다. 현재 많은 정신과 의사 및 전문가가 우울증 증상의 발현이 사실은 지난 오랜 세월 동안 인간을 감염에서 구해준 뿌리 깊은 방어 기제일 수 있다고 생각하며, 나도 여기 속한다. 전부는 아닐지라도 실제로 많은 경우 우울증은 면역체계 탓에 촉발될 수 있다. 이는 오늘날 왜 그렇게 많은

이들이 우울증에 걸리는지를 설명해준다. 지금부터 그 근거를
살펴보자.

인류의 절반은 어릴 때 감염으로 죽었다

당신은 병에 걸릴까 봐 걱정을 많이 하는 편인가? 만일 그렇다면
아마 가장 두려워하는 것은 심혈관 질환이나 암 또는 코로나19
일 것이다. 이것들은 2020년 유럽의 주요 사망 원인이었다.

코로나19는 일단 논외로 할 때, 역사적으로 보면 이런 사망 원
인은 특별한 것이다. 과거에 사람을 죽음에 이르게 한 흔한 원인
은 암이나 심혈관 질환이 아니었다. 인류 역사 대부분의 기간에
사람들의 대략 절반은 성인이 되기 전에 죽었고, 대개 그 이유는
감염 때문이었다. 재차 강조하건대, 인류의 절반은 어릴 때 주로
감염 때문에 죽었다.

감염병의 위협은 몇 세대 전까지도 활개를 쳤다. 20세기 초만
해도 가장 흔한 사망 원인은 폐렴과 결핵, 소화기 감염이었다. 모
두 감염성 질환이다. 불과 네 세대 전만 해도 결핵이 오늘날 존

재하는 모든 종류의 암보다 더 많은 생명을 앗아갔다.

1870~1970년에 천연두로 목숨을 잃은 사람은 무려 5억 명이 며(제2차 세계대전 사망자의 10배다), 특히 어린이가 많이 희생됐다. 하지만 어릴 때 천연두에 걸리지 않았다고 해서 안심할 수는 없었다. 1918~1920년에는 스페인 독감이 유행해 적어도 5,000만 명이 사망했고, 이 독감은 특히 20~30대에게 치명적이었다. 따라서 1900년대 초 유럽 젊은이들에게 가장 큰 위협은 두 차례의 세계대전이 아니라 천연두와 스페인 독감이었다. 만일 신문이 100년에 한 번씩 발행된다면 20세기 최대 사건으로 이런 헤드라인이 실릴 것이다. '인간 수명 두 배가 되다. 감염병과의 싸움에서 거둔 놀라운 쾌거!'

왜 이런 사실이 우울증을 이해하는 데 중요할까? 우리의 신체와 뇌는 인류 대다수가 어릴 때 사망한 과거의 세월이 남긴 결과물이며, 우리는 어릴 때 '죽지 않은' 이들의 후손이기 때문이다. 그리고 그것이 우리의 신체와 뇌가 작동하는 방식을 결정했다.

예를 들어 조상들이 살던 시대에 두 종류의 끔찍한 감염병이 있었다고 해보자. 하나는 백색 열병, 다른 하나는 회색 열병이다. 백색 열병은 어린아이만 걸리고 감염자의 절반이 사망한다. 절반은 이 병에 저항력이 있는 유전자를 지니고 있어서 살아남는다. 한편 회색 열병도 감염자의 절반이 사망하지만 이 병은 70세 이상만 걸린다. 회색 열병에 걸렸다가 이겨내는 사람 역시 이 병에 저항력이 있는 유전자를 지닌 덕분이다.

이제 백색 열병과 회색 열병이 창궐해 세계를 휩쓴다고 상상해보자. 전 세계 어린아이의 절반과 70세 이상 인구의 절반이 사망한다. 따라서 전염병이 지나간 후 생존한 모든 아이는 백색 열병에 저항력이 있는 유전자를 지니고 있으며(그렇지 않다면 죽었을 테니까), 마찬가지로 생존한 모든 70세 이상 성인은 회색 열병에 저항력이 있는 유전자를 지니고 있다. 그로부터 두 세대에 해당하는 시간이 흘렀다고 가정한다면, 대부분 사람은 어떤 질병에 대해 유전적 저항력을 갖추고 있을까? 답은 백색 열병이다. 이 열병은 아이만 감염시키므로, 이 병에 걸린 사람은 성인이 되어 자녀를 낳기 전에 사망했다. 따라서 백색 열병에 취약한 유전자는 후대에 전해지지 않았다.

반면 회색 열병에 취약한 유전자는 후대에 전해졌다. 이 병에 걸린 사람은 늙어서 사망했고, 그 시점엔 이미 자녀가 그 유전자를 물려받았기 때문이다. 이는 우리의 신체와 뇌가 오랜 세월 동안 '어린' 사람들을 죽이는 질병을 이기도록 진화했음을 의미한다.

대통령도 피해 가지 못한 비극

요즘은 어린 나이에 감염병으로 사망하는 일이 흔치 않기 때문에 불과 몇 세대 전만 해도 감염병이 위협적이었다는 사실을 잊기 쉽다. 이처럼 의학 기술이 단기간에 놀랄 만큼 발전했다는 사실은 통계 수치보다 실제 사례를 볼 때 더 실감 나게 와닿는다.

많은 이들이 알다시피 조 바이든 미국 대통령은 인생의 크나큰 시련을 여러 번 겪었다. 1972년에 아내 닐리아와 딸 나오미를 교통사고로 잃었고, 2015년에는 아들 보가 뇌종양으로 세상을 떠났다. 바이든의 인생 스토리는 국민들에게도 아픈 상처로 남았으며, 많은 이들은 그런 경험 때문에 그가 다른 대통령에 비해 타인의 고통을 깊이 이해한다고 생각한다.

조 바이든이 겪은 시련은 최근의 다른 미국 대통령들에 비하면 특이한 편이지만, 조금만 더 과거로 올라가 보면 그런 개인적 시련은 꽤 흔했다. 미국의 제16대 대통령 에이브러햄 링컨은 1840년대와 1850년대에 아들 넷을 낳았다. 그중 에드워드는 결핵으로 추정되는 병으로 네 번째 생일을 앞두고 세상을 떠났다. 윌리엄은 장티푸스로 추정되는 병에 걸려 열한 살에 사망했고, 토머스는 열여덟 살에 결핵으로 죽었다. 네 아들 중 로버트만 살아남아 성인이 됐다.

비슷한 사례는 그 밖에도 많다. 미국의 제3대 대통령 토머스 제퍼슨은 자녀 여섯 명 중 네 명을 두 번째 생일이 되기 전에 잃었다. 제9대 윌리엄 해리슨은 자녀 열 명 중 다섯 명을, 제12대 재커리 테일러는 자녀 여섯 명 중 세 명을 앞세웠다. 제14대 프랭클린 피어스는 자녀 세 명을 모두 잃었다. 이런 비극은 20세기에도 계속되어, 제34대 드와이트 아이젠하워는 아들 둘 중 하나를 감염병인 성홍열로 잃었다.

어느 시대든 대통령과 그 가족은 분명히 최고의 의료 서비스를 받았을 것이다. 그럼에도 많은 대통령이 병으로 자녀를 잃었다는 것은 우리가 종종 잊는 사실을 상기시켜준다. 불과 몇 세대 전까지도 많은 이들이 어릴 때 사망했다는 사실 말이다. 그 원인은 대부분 감염병이었다.

스트레스와 감염 위험은 비례한다 　○

인류 역사의 긴 시간 동안 많은 이들이 어릴 때 감염병으로 사망했기 때문에 우리는 그런 병을 막아내는 특별히 강한 방어 기제를 갖게 됐다. 이것이 우울증과 어떤 관련이 있는지 이해하려면 먼저 인류를 위협한 감염병의 종류를 살펴봐야 한다. 현생인류인 호모사피엔스는 약 25만 년 전 아프리카에서 등장했다. 앞서 살펴봤듯, 역사의 대부분 기간에 인류는 수렵채집인으로 살다가 약 1만 년 전 농사를 짓기 시작했다. 농경 사회에서 사람들은 더 가까이 모여 살았고 식량을 위해 가축을 길렀다. 하지만 이 두 요인 때문에 질병이 동물에서 인간으로 옮기가, 그리고 인간들 사이에 퍼지기가 더 쉬워졌다.

결핵과 간염, 홍역, 천연두, 인간면역결핍바이러스(human immunodeficiency virus, HIV)는 모두 처음에 동물에서 시작된 것으로 추정되지만 곧 종의 장벽을 넘어 인간에게 옮겨졌고 이후 밀집한 공동체를 이뤄 사는 인간 사회로 퍼져나갔다. 따라서 결핵·천연두·홍역의 역사는 1만 년에 불과하며, 진화의 관점에서 보면 '최근의' 질병이라고 할 수 있다. 이들 병은 인간이 긴밀한 공동체를 이뤄 살고 가축을 길러 증가한 인구의 식량을 해결할 수 있게 되면서 치른 대가였다. 이전의 수렵채집 사회에서는 이런 병에 걸리지 않았을 가능성이 크다. 소규모 집단을 이뤄 살았으므로 감염병이 퍼지기 어려웠을 테니 말이다.

수렵채집 사회에서는 코로나19 같은 감염병이 퍼지기가 사실상 불가능했을 것이다. 이런 병이 퍼지려면 다양한 지역의 많은 사람이 교류해야 하기 때문이다. 그렇다고 수렵채집인이 병에 걸리지 않았다는 의미는 아니다. 그들도 당연히 병에 걸렸지만, 그들을 괴롭힌 감염병은 대개 동물에서 기인한 바이러스와 세균 때문이 아니었다. 주로 상한 음식이나 상처로 인한 감염을 겪었다. 항생제가 없는 세상에서 감염된 상처는 치명적 결과로 이어질 수 있었다. 그렇다면 그들은 부상당할 위험이 있을 때 무엇을 느꼈을까? 스트레스다! 사냥감을 뒤쫓거나, 위험에서 도망치거나, 심한 물리적 싸움을 할 때면 스트레스가 동반됐다. 이런 행동은 모두 다칠 위험이 커짐을, 따라서 감염될 위험이 생겨남을 의미했다.

미국의 정신과 의사 찰스 레종(Charles Raison)의 설명에 따르면, 인류 역사의 대부분 기간에 스트레스는 감염 위험이 증가했음을 신체에 알리는 믿을 만한 신호였다. 면역체계는 신체 에너지의 15~20퍼센트를 소비한다. 그만큼 에너지가 많이 쓰이므로 면역체계를 항상 강하게 작동할 수는 없다. 신체는 언제 면역체계를 가동할지 선택해야 하며, 스트레스는 바로 그 시점을 알려주는 신호 역할을 한다. 우리 몸은 스트레스를 감염 위험이 커졌다는 신호로 해석한다. 오랜 세월 동안 바로 그것이 스트레스가 의미하는 바였기 때문이다. 다시 말해 감염 위험과 스트레스가 밀접히 연결돼 있었다는 얘기이며, 그 신호에 따라 면역체계의 활동이 증가한다. 이런 메커니즘은 먼 옛날 사바나 초원에서만 작동한 것이 아니라 오늘날에도 작동한다. 우리는 지금도 수렵채집인의 뇌를 갖고 있는 것이다.

최악의 면접

사회적 스트레스와 면역체계의 연관성을 보여주는 흥미로운 실험이 있다. 당신이 직장을 구하기 위해 면접을 본다고 상상해보라. 방에 들어가니 남성 두 명과 여성 한 명이 실험복 같은 흰가운을 입고 앉아 있다. 무뚝뚝한 표정에서 위협감마저 느껴진다. 그들은 당신에게 인사도 건네지 않고 곧장 면접을 시작한다. 당신은 잠시 머뭇거리다가 과거 직장 경력이 이 일에 도움이 된다고 생각하는 이유를 설명한다. 우호적인 미소를 지어 얼음장 같은 분위기를 깨보려 하지만, 면접관들은 그런 당신을 무표정하게 쏘아본다. 당신이 적당한 말을 찾기 위해 잠시 멈추자 면접관이 거만한 태도로 이렇게 묻는다. "원래 그렇게 말을 잘 더듬나요?"

땀을 뻘뻘 흘리며 질문들에 답하고 나니 이제 테스트 시간이다. 거만한 면접관이 당신에게 최대한 빠르게 1,022부터 13씩 빼면서 숫자를 거꾸로 세라고 한다. 당신은 입을 뗀다. "1,022, 1,009…." 그러고는 몇 초 생각한 뒤 "996"이라고 말한다. 세 면접관은 시선을 교환하면서 은근히 비웃는다.

이 끔찍한 구직 면접은 사회적 평가를 받는 상황에서 사람들이 어떻게 대처하는지 관찰하는 트리어 사회적 스트레스 테스트(Trier Social Stress Test)의 일부다. 테스트 전에 참가자는 모의 면접을 진행할 것이며 그 내용을 녹화해 행동과학자들이 평가할 것이라는 설명을 듣는다. 한편 면접관은 거만한 태도를 보이면서 굳은 표정으로 면접자를 대하라는 지시를 받는다.

대다수 참가자가 심리적 불편함을 느끼고 심박수가 증가하고 땀을 흘리는 것은 그리 놀라운 결과가 아니다. 흥미로운 사실은 일부 참가자의 혈액 검사 결과에서 나타났는데, 그들의 인터류킨-6(interleukin-6) 수치가 증가한 것이다. 인터류킨-6은 면역체계에서 중요한 역할을 하는 물질로, 신체가 감염됐을 때 발열을 일으키는 데 관여한다. 그런데 어째서 구직 면접 도중에 인터류킨-6이 증가할까? 면접관이 아무리 거만하게 군다고 해도 그 때문에 바이러스나 세균에 감염될 위험은 거의 없지 않은가. 단지 자존감이 조금 위협받는 상황일 뿐인데 왜 면역체계가 작동한 것일까?

그 답의 실마리는 앞서 설명한 내용에 있다. 면접 참가자가 스트레스를 받으면 그의 몸은 다칠 위험이 증가했다고 해석한다. 오랜 세월 동안 스트레스가 곧 그것을 의미했기 때문이다. 그 결과 몸이 대응에 나선다. 다칠 위험이 증가한다는 것은 곧 감염 위험이 증가한다는 뜻이고, 따라서 면역체계가 활동을 강화하는 것이다. 이 모든 것이 우울증과 어떤 관련이 있을까?

인간은 바이러스에게 최고의 숙주다 ○

우리 조상들이 온갖 감염을 이기고 살아남은 것은 기적에 가깝다. 사실 인간은 바이러스나 세균과 맞붙으면 질 수밖에 없는 운명이다. 바이러스의 유일한 목적은 자신을 최대한 복제해 증식하는 것이다. 생물학적으로 바이러스는 유전 암호 조각에 불과하다. 그래서 '생물'로 간주할 수 있는지 아닌지도 불확실하다. 바이러스는 자신을 복제하는 데 필요한 조직이 없기 때문에 다른 생명체에 침입해 복제 작업을 진행한다. 이후 그 생명체가 복제된 바이러스를 다른 생명체에 옮기고, 그 생명체 안에서 또다시 복제가 일어나 계속 퍼져나간다.

바이러스 입장에서 볼 때 인간만큼 숙주로 삼기에 좋은 생명체는 없다. 인간은 가까이 모여 살고 고도로 사회적인 동물이며 세계 곳곳을 돌아다니니까 말이다. 게다가 인간은 세대 간 간격이 최소 20년이다. 반면 바이러스는 며칠에 불과하며, 이는 곧 인간보다 대략 1만 배 더 빠르게 새로운 개체를 만들어낸다는 의미다. 따라서 바이러스는 계속 새로운 모습으로 변형되어 나타나므로 인간보다 적응력이 훨씬 더 뛰어나다.

다시 말해 인간은 바이러스와 세균에게 훌륭한 식사를 제공하는 존재다. 과거에 아이들 절반이 감염으로 죽은 것도 놀라울 게 없다. '모두가' 죽지 않았다는 사실이 오히려 더 놀랍다. 항생제와 백신, 현대 의학이 존재하기 전에 인류에게는 감염과 싸울 수 있는 어떤 자원이 있었을까?

먼저 뛰어난 면역체계가 있었다. 면역체계는 우리가 과거에 겪은 감염을 기억하고 있다가 나중에 또다시 감염을 만나면 재빨리 작동하게 돼 있다. 우리의 면역체계는 대단히 정교해서 그 복잡성이 뇌 다음 순위다. 뇌와 마찬가지로 면역체계의 지도 작성도 최근 들어 시작됐다. 면역체계의 새로운 기능이 지금도 끊임없이 발견되고 있다. 그중 내가 특히 흥미를 느꼈던 사실은 누군가가 기침하는 모습을 '보기만' 해도 우리의 면역체계가 작동하기 시작한다는 점이다. 그리고 우리는 상한 음식에 대해 강한 반사적 거부감을 느낀다. 이것은 병을 일으킬 수 있는 음식을 피하게 하려는 뇌의 전략이다. 상한 우유나 썩은 생선의 냄새를 맡고 움찔하며 물러서지 않기는 거의 불가능하다.

기침하는 타인을 보고 면역체계가 작동하는 것이나 상한 음식의 냄새만 맡아도 움찔하는 것을 '행동 면역체계(behavioural immune system)'라고 한다. 이름에서 알 수 있듯, 이 확장된 면역 방어는 행동으로 이뤄져 있다. 어쨌거나 체내의 세균이나 바이러스와 싸우는 것보다 애초에 그것들이 몸에 들어오지 않도록 피하는 것이 당연히 더 나은 법이다.

이때 무엇이 우리의 행동에 영향을 미칠까? 느낌이다! 우리는 울적한 기분을 느끼면 움츠러들어 자신을 고립시키고 이불을 머리끝까지 뒤집어쓴다. 일부 전문가는 우울한 기분이 우리가 감염을 피하게 하거나 감염과 싸울 상황에 대비해 에너지를 비축하려는 뇌의 전략일 수 있다고 말한다.

요컨대 면역체계라고 할 때 흔히 떠오르는 것(항체, B세포와 T세포 등)은 사실 면역체계의 '한 측면'에 불과하다. 또 다른 측면은 우리의 행동이다. 즉 뇌가 만들어내는 느낌이 우리가 감염 위험 앞에서 몸을 사리게 유도한다. 그리고 여전히 사바나 초원에 살고 있다고 믿는 우리의 신체는 스트레스를 감염 위험이 증가했다는 뜻으로 해석하므로, 장기적인 스트레스를 장기적인 감염 위험으로 받아들인다. 이런 위험에 대응하기 위해 뇌는 모종의 느낌을 만들어내 우리가 움츠러들고 정신적으로 멈춰버리도록 유도한다. 다시 말해 우울증에 빠지는 것이다.

여기까지 읽고 나면 이런 생각이 들지 모른다. '흠, 아주 그럴 듯해 보이는 이론이야. 하지만 정말 그렇다는 걸 어떻게 믿지?' 그러니 과학 연구 결과를 좀 더 자세히 살펴보자.

뇌와 면역체계의 관계 ○

오랫동안 의학계에서는 뇌와 면역체계가 완전히 별개이며 후자가 전자에게 영향을 미치기란 불가능하다고 믿었다. 피부에 상처가 나서 감염되면 사이토카인(cytokine)이라는 단백질 물질이 분비되고 면역체계가 감염과 싸우기 시작한다. 그런데 사이토카인은 또 다른 중요한 일도 한다. 감염이 일어났다는 신호를 몸 전체에 보내는 일이다. 21세기 이전만 해도 의학 서적에서는 사이토카인이 감염 신호를 신체의 모든 장기에 보내는데, 이때 뇌는 제외된다고 설명했다. 뇌와 면역체계가 분리돼 있기 때문에 그 신호가 뇌에 도달할 수 없다고 믿었다. 하지만 2000년대 초 이것이 틀렸음이 입증됐다. 사이토카인이 뇌에 영향을 미친다는 사실이 밝혀진 것이다. 즉 뇌는 신체 어딘가에 염증이 발생했다는 신호를 수신할 수 있다. 의학적으로 볼 때 이는 대단히 획기적인 발견이었다. 정신의학 전문가들은 체내 염증이 우리의 기분과 행동에 영향을 미칠 수 있는지 알아내려고 본격적으로 연구하기 시작했다.

처음에는 쥐를 대상으로 실험했는데, 쥐에게 사이토카인을 주입하자 움직임이 위축되면서 인간이 우울증에 걸렸을 때와 비슷한 행동을 보였다. 이후 인간에게 같은 실험을 진행했을 때도 동일한 결과가 관찰됐다. 사이토카인을 주입받은 피험자들은 우울하고 언짢은 기분을 느꼈다.

또 다른 단서는 C형 간염에 걸려 치료를 받은 환자에게서 목격됐다. 1990년대에 C형 간염의 효과적인 치료법이 개발됐는데, 환자들에게 바이러스 감염 시 백혈구가 생산하는 물질을 투여했다. 그러자 흥미롭게도 환자의 약 3분의 1이 우울감을 느꼈다. 목숨을 잃을 뻔한 질병을 치료받았음에도 안정된 기분이 아니라 우울함을 느낀 것이다. 치료 과정이 끝난 후에는 대개 우울한 기분이 사라졌다. 장티푸스 백신을 맞은 많은 사람에게서도 비슷한 현상이 관찰됐다. 그들은 백신을 접종한 후 일시적으로 우울감을 느꼈다.

요컨대 2000년대 초에 발견된 여러 증거는 뇌와 면역체계가 연결돼 있음을 시사했다. 이전의 믿음과 달리 이 둘은 별개가 아니라 사실은 복잡하게 연결돼 있는 것으로 보였다. 면역체계의 활동이 정신 건강에 영향을 미칠 가능성이 있으며, 면역 활동 증가가 우울증에 기여하는 요인이라고 추정됐다. 우울증 환자들은 척수액(뇌와 척수를 감싸는 액체)의 전염증성 사이토카인(proinflammatory cytokine) 수치가 더 높다는 사실이 발견되자, 그런 추측에 한층 더 무게가 실렸다.

검증 테스트를 통과한 의학적 발견 ○

의학적으로 새로운 연구 결과는 엄청난 기대를 모은다. 그런데 획기적 발견이 나온 뒤 수많은 연구자와 피험자가 참여하는 대규모 연구를 통해 견고함을 검증해보면, 빛 좋은 개살구에 불과함이 드러나는 경우도 많다. 2010년대 초, 면역체계와 우울증의 연관성에 대한 연구 결과가 바로 그런 대규모 연구를 통해 검증받는 시험대에 올랐다. 하지만 이번에는 거품이 터지는 일은 일어나지 않았다.

덴마크 연구진이 7만 3,000명의 데이터를 분석한 결과, 가벼운 우울증과 피로, 낮은 자존감을 겪는 사람들은 대개 체내 염증 지표인 C 반응성 단백질(C-reactive protein, CRP) 수치가 높다는 사실을 발견했다. CRP 수치가 높을수록 우울증과 피로감이 더 심했다. 또 CRP 수치가 높은 사람은 우울증으로 병원에 입원하거나 항우울제 처방을 받은 일이 더 많았다. 연구진은 우울증을 앓는 사람의 체온이 약간 더 높다는 사실도 발견했다. 이는 감염을 막아내려는 기제일 수 있다. 발열의 주요 기능은 세균이나 바이러스의 체내 증식을 방해하는 것이기 때문이다.

우울증과 면역체계의 연관성을 뒷받침하는 마지막 결정적 단서는 유전학 분야에서 나왔다. 앞서 설명한 것처럼 '하나의' 우울증 유전자는 존재하지 않으며, 다양한 유전자가 우울증 발현에 영향을 미친다. 실제로 한 주요 연구에서 우울증과 연관되는 것으로 보이는 44개의 유전자가 확인됐다. 이들 유전자 중 다수는 뇌와 신경계에 영향을 미치며, 이는 그리 놀랍지 않다. 우울증 발현 가능성에 영향을 미치는 유전자는 당연히 뇌에도 영향을 미치리라고 예상할 수 있다. 그런데 이들 유전자 중 일부는 면역 체계에도 영향을 미친다. 이 유전자들은 두 가지 기능을 하는 것으로 보인다. 즉 우울증 발현 위험을 높이는 것과 면역체계를 활성화하는 것이다.

염증은 뇌에 어떤 신호를 보낼까?

우리의 정신 건강을 지키려면 면역체계와 우울증의 연관성을 인식하는 것이 중요하다. 그 이유를 이해하기 위해 흔히 혼동하는 두 가지 개념을 먼저 짚고 넘어가자. 바로, 감염과 염증이다.

'감염'은 신체가 세균이나 바이러스 같은 병원체의 침입을 받는 것을 말한다. '염증'은 압력, 부상, 독소, 세균이나 바이러스의 공격에 이르기까지 모든 자극에 대한 신체의 면역 반응이다. 감염이 염증을 일으킬 수 있지만 다른 요인도 염증을 유발할 수 있다. 팔을 계속 긁어서 피부가 빨갛게 변하는 것은 염증이다. 칼로 사과를 깎다가 실수로 손가락이 베여도 염증 반응이 일어난다. 췌장에서 나온 소화액이 복강으로 들어가면 생명이 위험해질 수 있으며, 이것은 췌장에 염증이 생긴 상황이다.

신체 어느 곳에 염증이 생기든 우리 몸에서는 다음과 같은 일이 일어난다. 조직 손상이나 압력, 세균, 바이러스에 영향을 받은 세포들이 사이토카인을 분비해 위험 신호를 보낸다. 그러면 백혈구가 침입자와 싸울 수 있도록 염증 부위로 가는 혈류가 늘어난다. 혈류가 늘어난 탓에 그 부위가 부어오르며, 이것이 신경을 압박해 통증을 일으킨다.

염증은 많은 질병의 주요 구성 인자이므로 염증이 없는 편이 더 좋을 것 같다고 생각될 것이다. 천만의 말씀이다. 염증 반응이 없다면 우리는 생존할 수 없을 것이다. 그러나 인생의 많은 것이 그렇듯, 좋은 것이라도 너무 많으면 문제가 생길 수 있다. 장기간 지속되는 염증은 문제를 일으킨다. 심근경색, 뇌졸중, 류머티즘, 당뇨병, 파킨슨병, 알츠하이머병 등 장기적 염증이 유발하는 질환은 대단히 많다. 다시 말해 장기적 염증, 즉 만성 염증은 여러 심각한 질병의 시발점이 된다. 신체 어느 곳에 염증이 생기든 같은 프로세스가 진행된다. 즉, 사이토카인이 분비돼 염증 부위로 가는 혈류가 늘어난다.

그렇다면 우리는 왜 이런 아킬레스건을 갖고 있을까? 어쨌든 염증은 다양한 장기를 위험에 빠뜨릴 가능성이 있으니 말이다.

인류의 진화 과정에서 어떤 심각한 실수가 일어난 것일까? 전혀 그렇지 않다. 염증은 치명적인 세균 및 바이러스 감염처럼 어릴 때 만나는 위협들로부터 우리 조상들을 보호해준 방어 체계다. 장기적 염증이 유발하는 질병은 대개 나이가 든 후에 걸린다. 그리고 앞서 말했듯 우리는 어릴 때 걸리는 병을 이겨내도록 진화해왔다. 진화의 관점에서 보면, 염증이 세균과 바이러스에 대한 방어 기능을 한다는 사실이 노년에 질병을 일으킬 수 있다는 사실보다 훨씬 더 중요하다. 인류사의 오랜 기간에 걸쳐 대부분 사람은 그 정도로 오래 살지 못했기 때문이다.

그동안 염증을 유발하는 원인이 변해왔다는 사실에도 주목해야 한다. 인류 역사의 대부분 기간에 그 원인은 주로 세균이나 바이러스 감염, 부상으로 인한 상처였다. 그러나 오늘날에는 생활 습관의 여러 요인도 염증을 일으킬 수 있다. 예를 들어 오래 앉아 있는 습관이 근육과 지방 조직에 염증을 일으킨다는 사실이 입증됐다. 또 장기적 스트레스(며칠이나 몇 주가 아니라 몇 달이나 몇 년씩 지속되는 스트레스)도 신체 전반의 염증 수준을 높이는 것으로 보인다. 수면 부족과 환경 독소도 마찬가지 결과를 가져온다. 가공식품은 위장과 장의 염증을, 비만은 지방 조직의 염증을, 흡연은 폐와 기도의 염증을 유발한다.

역사적으로 염증을 일으킨 주범(세균, 바이러스, 상처)은 대개 일시적 성격을 띤 반면, 오늘날의 유발 원인(좌식 생활 습관, 비만, 스트레스, 정크푸드, 흡연, 환경 독소)은 오랫동안 지속되는 경향이 있다. 그 결과 과거에는 잠깐 작동했던 체내 프로세스가 오늘날에는 더 오랫동안 작동한다. 우리 몸이 염증의 원인을 구분할 수 있다면, 따라서 면역체계가 불필요하게 활성화되는 것을 막는다면, 이런 사실이 그다지 문제가 되지는 않을 것이다. 문제는 우리 신체가 모든 종류의 염증을 한데 뭉뚱그려 취급해서, 생활 습관 요인을 바이러스나 세균의 공격으로 착각한다는 것이다.

염증을 일으킨 범인이 감염인지 생활 습관 요인인지 구분하지 못하는 것은 뇌도 마찬가지다.

오늘날의 염증 유발 원인은 바이러스나 세균이 보내는 것과 똑같은 신호를 뇌에 보낸다. 그런 신호가 오랫동안 전달되면(오늘날의 염증 유발 원인은 흔히 그렇다) 뇌는 "나는 목숨을 위협받고 있어. 계속 공격을 받고 있어!"라고 해석한다. 그래서 기분을 하향 조정해 뒤로 물러나 몸을 사리게 한다.

이 때문에 우리는 심리적 멈춤 상태가 된다. 이런 상태는 상당 기간 지속될 수 있다. 오늘날의 염증 유발 원인들은 쉽게 사라지는 종류가 아니기 때문이다. 그 결과 장기적인 심리 침체, 즉 우울증이 생긴다. 우울증은 염증이 유발할 수 있는 수많은 질병 중 하나다.

오늘날 염증을 일으키는 주요 원인

오늘날 염증을 일으키는 주요 원인 중 두 가지를 좀 더 자세히 살펴보자. 장기적 스트레스와 비만이다. 스트레스와 염증의 관계는 다소 복잡하다. 주요 스트레스 호르몬인 코르티솔(cortisol)은 우리 몸이 에너지를 동원해 민첩하게 행동하게 하지만 염증을 가라앉히는 역할도 한다. 사나운 개가 당신을 향해 짖으면 몸의 코르티솔 분비량이 증가해 재빨리 도망치는 데 필요한 에너지를 공급한다. 하지만 위험이 없을 때는 코르티솔이 다른 역할을 한다. 체내 염증을 가라앉히는 것이다.

장기적 스트레스에 노출되면 혈중 코르티솔 농도가 계속 높게 유지되고 우리 몸은 그 농도에 익숙해진다. 그 결과 몸이 코르티솔에 반응하는 것을 중단하고, 코르티솔이 염증을 가라앉히는 효과도 사라진다. 이는 양치기 소년이 툭하면 거짓말을 해서 나중에는 소년의 말을 아무도 믿지 않게 되는 것과 비슷하다.

그렇다면 이것이 왜 중요할까? 우리 몸에서 작은 염증 반응은 늘 일어난다. 피부를 살짝 베이거나, 근육이나 혈관이 조금 손상되는 것 등이다. 이때 일어나는 염증 반응은 지극히 정상적이다. 평소에 코르티솔은 이런 염증을 가라앉히지만, 만일 몸이 코르티솔에 대한 반응을 멈추면 체내 염증 수준이 계속 높아진다. 이것이 장기적 스트레스를 받을 때 몸에서 일어나는 일이다.

하지만 모든 스트레스가 위험하다는 성급한 결론은 내리지 말기 바란다. 오히려 스트레스는 우리의 생존에 꼭 필요하다. 다만 우리 신체가 스트레스 대응 시스템이 '항상 켜진' 상태에 적합하게 만들어지지 않았을 뿐이다.

스트레스와 관련해 중요한 것은 '회복'이다. 여기서 회복은 생물학적 에너지를 동원하는 스위치를 끈다는 의미다. 대부분 사람은 회복할 시간이 주어지는 한 스트레스에 잘 대응한다. 시간이 얼마나 필요한가는 개인마다 다르지만, 일반적으로 작업량이 적을 때는 두 종류 일의 간격이 16시간 정도면 충분히 회복할 수 있다. 작업량이 많거나 힘든 일일 때는 더 긴 회복 시간이 필요하다. 주말에 쉬거나 이따금 긴 휴가를 가는 식으로 말이다. 효과적인 회복을 위해서는 수면과 휴식을 우선순위로 삼고 다른 책무를 최소화해야 한다.

장기적 스트레스와 함께 비만도 체내 염증을 일으키는 주요 인이다. 몸의 지방 조직은 그저 수동적인 에너지 저장소가 아니다. 사이토카인을 분비해 몸 전체에 신호를 보내는 역할을 한다. 알다시피 사이토카인은 면역체계를 활성화하는 물질이다. 그렇다면 이런 의문이 들 것이다. 왜 우리 몸은 자신의 에너지 저장소에 대항하도록 면역체계를 작동할까? 마치 자기 자신을 위협 요인으로 간주하는 것처럼 말이다.

아직 정확한 답을 아는 사람은 없지만, 비만이 인류 역사에서 거의 존재하지 않았던 현상이기 때문이라고 추측할 수 있다. 그 결과 우리 몸이 뚱뚱한 배를 낯선 존재로 해석하고 염증을 발생시켜 '침입자' 지방을 물리치려고 하는 것이다.

비만은 우울증 발생 가능성을 키운다고 알려져 있다. 물론 비만을 바라보는 세상의 부정적 시선과 선입견 때문일 수도 있지만, 한편으로는 지방 조직의 염증이 우울증에 걸릴 가능성을 키우기 때문일 수도 있다.

요약해보면 이렇다. 당신과 나는 수렵채집인의 뇌와 신체를 갖고 있다. 주로 앉아서 지내는 현대의 생활 습관과 지속적인 스트레스는 몸이 수용할 수 있는 것보다 더 높은 수준으로 체내 염증을 증가시킨다. 뇌는 이것을 위협으로 간주하고(인간 역사의 대부분 기간에 염증은 곧 위험을 의미했기 때문이다) 우리가 지속적인 공격을 받고 있다고 생각한다. 그래서 기분을 조종해 몸을 사리게 한다. 뇌가 기분을 하향 조정하면, 우리는 우울감과 심리적 불편함을 느끼고 더욱더 움츠러든다. 다시 말해, 염증은 기분을 좌우하는 일종의 조절기 역할을 한다. 염증이 많을수록 더 우울해지는 것이다. 어떤 이들은 이 조절기가 특히 더 민감하고(부분적으로는 유전자 때문이다), 따라서 우울증에 더 쉽게 걸린다.

그렇다면 모든 우울증 환자는 체내에서 염증 프로세스가 진행되고 있다는 뜻일까? 그렇지 않다. 염증은 우울증을 유발하는 '여러' 주요 원인 중 하나다. 유일한 원인이 아니라는 얘기다. 모든 우울증의 약 3분의 1이 염증 때문에 발생하는 것으로 추정된다. 그렇다면 이런 생각이 들지 모른다. 항염증제가 우울증 치료에 도움이 되지 않을까? 그렇다는 사실을 보여주는 증거가 다수 존재한다. 전염증성 사이토카인의 형성을 막는 약물은 우울증 치료에 어느 정도 도움이 된다. 물론 그것만으로는 충분하지 않지만, 다른 항우울제의 효과를 높이는 것으로 보인다. 다만 이는 염증에서 기인한 우울증일 때의 얘기이고, 그 외의 경우에는 효과가 미미하다.

관점을 넓히면 얻게 되는 것 ○

나를 찾아오는 우울증 환자 대부분은 우울증의 원인을 알고 싶어 한다. 대개 그들은 사회적 요인 때문이리라고 추측한다. 인간관계, 직장이나 학교에서 겪는 상황 같은 것 말이다. 이런 관점에서 보면 우울증에 대체 무슨 목적이 있는 것인지 당연히 이해하기 어렵다. 앞서 얘기했듯 우울증은 생리학적 관점에서도, 그리고 우리와 세균 및 바이러스의 관계라는 측면에서도 바라봐야한다. 현대인에게는 세균과 바이러스가 비교적 싸워볼 만한 위협이지만, 인류가 지구상에 존재한 시간의 99.9퍼센트 기간에는 사람들 절반의 목숨을 앗아갔다는 사실이 중요하다. 따라서 우울증 증상들은 한때 인간을 다양한 감염에서 구해준 잠재의식 속의 방어 기제일 수 있다. 그런데 현대 사회의 생활 습관이 만들어낸 요인들은 그 방어 기제를 과열시키곤 한다.

나는 우울증을 '심리학적' 관점뿐 아니라 '생리학적' 관점으로도 보기 시작하면서 중요한 사실을 깨달았다. 생물학적으로 볼 때 우울증은 폐렴이나 당뇨병보다 결코 더 특이한 병이 아니다. 폐렴도, 당뇨병도, 우울증도 개인의 성격과는 아무 관계가 없다.

우울증을 앓는 사람에게 쾌활한 목소리로 "기운 내세요!"라고 격려하는 것은 폐렴 환자에게 "당신 폐더러 기운 좀 내라고 해요!"라고 또는 당뇨병 환자에게 "혈당더러 정신 좀 차리라고 해요!"라고 말하는 것만큼이나 바보 같은 짓이다. 폐렴이나 당뇨병에 걸리면 의학적 도움을 받아야 하는 것처럼 우울증일 때도 그래야 한다.

물론 우울증 뒤에 숨겨진 생물학적 프로세스와 그것이 발생하는 이유를 안다고 해서 곧장 극복할 수 있는 것은 아니다. 하지만 좋은 출발점은 될 수 있다. 나는 면역 프로세스가 뇌와 기분에 영향을 미친다는 사실을 알고 나서 생활 습관과 관련한 진부한 조언을 더 진지하게 받아들이게 됐다. 당신도 운동을 하고, 충분히 숙면을 취하고, 장기적 스트레스를 줄이려고 노력하면 기분이 나아진다는 얘기를 들어봤을 것이다. 그런 행동이 효과를 내는 생물학적 원리를 인지하면 그 조언은 더 큰 의미를 갖게 될 것이다. 운동과 숙면, 스트레스 조절과 회복이 염증을 줄이고 따라서 뇌가 모종의 신호를 받아 신체가 공격받는다고 잘못 해석하는 일을 막을 수 있다는 사실을 알고 나면, 그런 행동을 열심히 실천할 가능성이 커진다. 하지만 염증에 대항하는 모든 것(예를 들면 염증에 좋은 특정 식품)이 우울증 치료에 효과가 있다는 의미는 아니다. 안타깝지만 그렇게 간단한 문제가 아니다.

이제 당신은 우리를 온종일 예측 불가능한 스트레스에 노출시키는 근로 환경이 우울증을 일으킬 수 있다는 사실을 이해하게 됐을 것이다. 그런 상황에 대한 반응으로 의욕 상실이나 움츠러드는 현상이 나타나는 것은 병이 있다는 뜻이 아니라 역설적으로 '건강'하다는 뜻이라는 것도 말이다. 그럴 때 최선의 해결책은 대개 근로 환경을 바꾸는 것이다. 물론 말처럼 쉽지 않다는 것을 나도 잘 안다. 하지만 이것만은 기억하길 바란다. 비정상적인 상황에 대해 비정상적인 반응이 나타나는 것은 뇌가 고장 난 것이 아니라 정상적인 행동이다.

3장에서 불안을 뇌 입장에서 바라보는 것이 얼마나 유용한지 설명했다. 뇌 입장에서 보면 자신의 뭔가가 고장 났다는 생각에서 빠져나올 수 있다. 우울증도 마찬가지다. 뇌의 관점에서 보면 우리가 '하자 있는 물건'이 아님을, 그리고 모든 기분이 왔다가 사라지듯이 우울증 역시 일시적 현상임을 깨달을 수 있다. 삶이 빛이라곤 없는 암흑처럼 느껴지더라도, 우리가 생물학적 존재라는 사실을 상기하면 마음의 안정을 얻는 데 도움이 된다. 그 어둠은 물러가게 돼 있다. 설령 지금 당장은 그렇게 느껴지지 않더라도, 우리의 뇌는 그렇게 설계돼 있기 때문이다. 게다가 당신은 혼자가 아니다. 당신과 같은 싸움을 하는 사람이 지구상에 2억 8,000만 명이나 있다.

> **어둠은 물러가게 돼 있다. 설령 지금 당장은 그렇게 느껴지지 않더라도, 우리의 뇌는 그렇게 설계돼 있기 때문이다.**

다시 한번 강조하건대, 모든 우울증을 스트레스와 염증으로 설명할 수 있는 것은 아니다. 그 밖에도 여러 이유가 있다. 세균과 바이러스에 맞서 방어 기제를 작동하는 것과는 상관이 없지만, 그럼에도 어떤 목적에 기여하는 이유 말이다. 그중 하나를 살펴보자.

결코 무의미하지 않았던 6개월의 방황 ○

나는 스물네 살 때 인생의 유턴을 결심했다. 경제학 전공으로 스톡홀름 경제대학교의 졸업을 앞두고 있을 때였다. 투자은행과 컨설팅 회사에서 여름 인턴십도 완료한 뒤였다. 하지만 그 길이 정말 나에게 맞는지 고민이 됐다. 사실 이 고민은 입학 때부터 마음속에 똬리를 튼 채 해가 갈수록 심해졌고, 이제 더는 무시할 수 없는 지경에 이르렀다.

내 앞에 설계된 미래는 영혼이 없어 보였다. 내가 무엇을 성취하려고 계획하든 그것들은 전부 한 가지로 귀결됐다. 돈을 최대한 많이 버는 사람이 되는 것. 내가 막 들어가려는 직업 세계에서는 모든 것이 결국 돈이라는 목표를 가리켰다. 나는 혼란스러웠다. 그게 한 번뿐인 삶에서 정말 내가 원하는 것일까? 아니면 모든 것을 포기하고 다시 시작해야 할까?

지금 생각해보면 배부른 고민이었다. 머리에 피도 안 마른 녀석이 남들은 못 가져서 안달인 기회를 거절할지 말지 고민하는 것을 어떻게 인생의 엄청난 위기라고 할 수 있겠는가. 또 어찌 보면 쉬운 결정이었다. 가장 큰 문제는 학위 과정을 변경하는 것뿐이었고 나는 아직 젊었으니까. 하지만 덜 여문 스물네 살 청년인 나는 마치 은퇴를 앞둔 기분마저 느꼈다. 그렇게 '늦은' 나이에 진로를 바꾸는 것이 엄청난 일 같았다. 게다가 그동안 보낸 4년이 고스란히 헛수고가 된다는 사실도 가벼이 넘길 수 있는 일이 아니었다.

그해 겨울부터 이듬해 봄까지 나는 안으로 침잠했다. 이 문제를 속으로 곱씹으면서 생각에 생각을 거듭했다. 잠도 잘 안 왔다. 이것저것 따져보며 숙고한 뒤 결정을 내렸다가도 다시 마음을 바꿨다. 그러기를 몇 번이나 반복했는지 모른다. 내내 우울했고 만사에 의욕을 잃었다. 무엇에도 집중할 수가 없었다. 그리고 1년 후 카롤린스카 대학교에 입학해 의학을 공부하기 시작했다. 지금 되돌아보면 그 일은 내 인생에서 손꼽을 만한 중요한 결정이었다. 동시에, 무기력하고 울적했던 그 기간이 내가 중대한 결정을 내리게 도와준 것이 아닐까 하는 생각이 종종 든다.

나는 정신 건강 문제를 겪는 환자 중 많은 이들이 인생의 중대한 결정과 씨름하는 중임을 목격했다. 그들이 먼저 그렇게 말하는 경우는 별로 없지만, 중요한 결정 때문에 고민 중이냐고 물으면 종종 그렇다는 답이 돌아왔다. 한 여성은 이혼을 고려하는 중이라고 말했다. 한 남성은 오랫동안 다닌 직장을 그만두고 새로운 분야에 뛰어들지 고민하고 있었다. 또 다른 환자는 수년째 연극 학교에 지원했지만 번번이 떨어져서 이제 배우의 꿈을 완전히 접는 게 나을지 고민하고 있었다. 이런 환자를 볼 때마다 진로 결정을 내리지 못하고 방황하던 스물네 살의 내가 떠오른다. 그들 역시 중요한 문제를 속으로 수없이 곱씹으면서 결정을 내렸다가 다시 마음을 바꾸곤 했으며, 그러는 내내 우울한 기분에 휩싸였다. 그들을 몇 년간 관찰해보니 놀랍게도 대부분은 결국 자신에게 최선인 결정을 내렸다. 내가 그랬듯이 말이다. 그들은 숙고를 거듭하고 마음이 자꾸 바뀌던 그 기간이 비록 힘들었을지라도 인생의 중요한 결정을 내리는 데 꼭 필요한 시간이었다고 말했다.

인생은 수많은 결정의 연속이고, 대체로 뇌는 자동으로 잘 처리한다. 하지만 결코 쉽게 처리할 수 없는 결정도 분명히 있다. 인생을 바꿀 만한 결정에 직면하면 뇌가 특정한 방식으로 작동하는 것은 아닐까? 우울증 증상은 주의를 산만하게 하는 요소를 차단해 우리가 중요한 문제를 생각하는 데 모든 에너지를 쏟게 하려는 뇌의 전략일 수도 있지 않을까?

당연히 내 개인적 경험만으로는 충분하지 않으므로 연구 결과를 살펴보자.

기분이 정신 능력에 미치는 영향을 분석한 여러 연구가 있다. 그중 한 연구에서는 아이들에게 기분이 좋아지거나 슬퍼지는 영상을 보여주고, 같은 느낌의 음악도 들려줬다. 즉 기분이 좋아지게 하는 영상 그룹에는 신나는 음악을, 슬퍼지게 하는 영상 그룹에는 가라앉는 음악을 들려줬다. 이후 그림에서 패턴을 빨리 찾아야 하고 세부 사항을 관찰하는 주의력이 필요한 심리 테스트를 진행했다. 얼핏 생각하면 기분이 좋아진 아이들이 더 잘할 것 같다. 하지만 반대였다. 그 아이들은 슬퍼진 아이들보다 더 '낮은' 성과를 냈다. 왜 그랬을까?

한 가지 해석은 이것이다. 우리는 기분이 좋으면 결함이나 실수를 잘 발견하지 못한다. 아무 문제 없이 즐거운데 왜 굳이 문제를 찾는단 말인가. 사람들은 기분이 좋을 때는 세부 항목은 지나치고 굵직한 정보만 받아들여 처리하곤 한다. 흥미롭게도 기분이 좋으면 남에게 더 쉽게 속는 경향이 있다. 아마도 그런 상태에서는 비판적 시선으로 정보를 분석하지 않기 때문일 것이다. 하지만 기분이 나쁘면 그 반대다. 정보를 꼼꼼하게 살펴보며 결점을 찾아낸다.

물론 음악을 듣고 형성된 즐겁거나 슬픈 느낌이 평소의 좋은 기분이나 우울감과 똑같지는 않을 것이다. 그럼에도 관련 연구들은 흥미로운 사실을 보여준다. 기분이 정신 능력과 밀접한 연관성을 지닌 것으로 보인다는 점이다. 그리고 우리에게 필요한 정신 능력은 상황에 따라 다르다. 때로는 비판적이고 꼼꼼한 문제 해결 능력이 필요하다. 멈춰서 깊이 사고하고, 위협과 도전 과제에 확대경을 대고 들여다보고, 문제가 해결될 때까지 거듭해서 숙고하는 능력 말이다. 이럴 때 뇌는 우리의 기분을 하향 조정한다. 착 가라앉은 기분이 우리에게 필요한 인지 능력과 밀접한 연관성을 지니기 때문이다. 그런가 하면 전체적인 그림을 보면서 진취적 태도로 리스크를 감수하는 편이 나을 때도 있다. 이때 뇌는 우리의 기분을 상향 조정한다. 긍정적인 (또는 '들뜬') 기분이 그런 태도를 취하게 하기 때문이다.

인생이 걸린 중대한 문제를 분석할 때 전략적으로 정서적 위축 상태를 취한다고 보는 것을 '분석적 반추 가설(analytical rumination hypothesis)'이라고 한다. 무기력한 우울감이 무조건 유익하다는 말이 아니다. 심해지면 파괴적 영향을 미치거나 중대한 결정 앞에서 사고를 마비시킬 수도 있다. 내가 하고 싶은 얘기는 필요할 때 재빨리 도망치는 능력이 우리에게 유용했던 것과 마찬가지로, 우울증과 밀접하게 연관된 정신 능력 역시 매우 유용하다는 것이다.

설득력 없는 얘기로 들리는가? 그렇다면 지금껏 살면서 우울감을 느껴 안으로 침잠했던 적이 있는지, 그리고 그 시간을 통과한 후 결국 의미 있는 지점에 도착했는지 아닌지 생각해보라. 어쩌면 당신은 오랫동안 고민한 문제의 답을 얻었을지도 모른다. 아니면 그때 뭔가 배웠기 때문에 그 시간을 없던 것으로 할 수 있다고 해도 그러고 싶지 않을지도 모른다. 아니 애초에 당신에겐 그런 경험이 있을 수도 있고, 없을 수도 있다. 뭔가가 유용할 수 있다고 해서 누구에게나 항상 유용한 것은 아니니까 말이다.

어쨌든 세균과 바이러스를 경계하는 오래된 방어 기제나 스트레스와는 아무 상관이 없는데도, 우울증에 걸릴 만큼 뇌가 기분을 가라앉히는 데에는 상당히 타당한 이유가 있다. 뇌와 관련한 대부분의 프로세스는 꽤 복잡하며, 우울증의 경우에는 특히 더 그렇다. 우울증에 빠진 이유를 정확히 규명하기 힘든 경우도 많다. 실제 현실은 단순히 흑과 백이 아니라 무수히 다양한 회색으로 이뤄져 있기 때문이다.

'모든' 우울증이 특정한 목적에 기여한다거나 염증 또는 인생이 걸린 결정에 대한 숙고 때문에 일어난다고 말할 수는 없다. 그럼에도 이것만은 기억할 필요가 있다. 충분히 관리할 수 있는 심리사회적 스트레스부터 쉽사리 제어하기 힘든 생물학적 방어 기제에 이르기까지 다양한 회색으로 이뤄진 우울증이라는 그림에서 우리는 생물학의 중요성을 과소평가할 때가 많다. 그리고 대체로 우울증은 일상생활을 방해하는 쓸데없는 생각의 소용돌이를 일으키지만, 때로는 인생이 걸린 중대한 결정을 내리게 도와주는 자기 침잠의 시간을 가져다주기도 한다.

불안과 우울증이 당연히 뇌가 고장 났다는 의미라고 믿는다면, 뇌의 가장 중요한 목적이 행복이 아니라 생존이라는 사실을 모르기 때문이다. 물론 그렇다고 해서 불안과 우울증이 일상생활을 방해하고 우리를 무너뜨릴 수 있으며, 때로 목숨을 빼앗을 수도 있다는 사실이 바뀌는 것은 아니다. 이어지는 장에서는 뇌의 관점으로 보면서 불안과 우울을 치료하고 예방하는 몇 가지 핵심 열쇠를 살펴볼 것이다. 먼저 흔히 따분한 상태 정도로 생각하지만 역사적으로 인간에게 사형 선고와 다름없었던 것, 즉 외로움부터 살펴보자.

5장

외로움

: 우울과 외로움,
어느 것이 먼저일까

영혼은 공허감 앞에서 떨며 어떻게든 접촉하기를 갈망한다.

얄마르 쇠데르베리(Hjalmar Söderberg), 《닥터 글라스(Doctor Glas)》 중

전 세계인의 3분의 1 이상을 괴롭힐 뿐 아니라 열두 명 중 한 명은 병세가 너무 심해 담배를 하루에 한 갑씩 피우는 것만큼 위험한 질병이 있다고 상상해보라. 이 병은 실제로 존재한다. 그 병명은 '외로움'이다. 최근에 나온 굉장히 놀라운 연구 결과가 있다. 친구와 가족이 삶을 더 의미 있게 해주기만 하는 것이 아니라 더 오래 건강하게 살게 해준다는 것이다. 반면 친구와 가족이 없으면 건강이 나빠질 가능성이 있다. 이번 장에서는 외로움이 우리에게 어떤 영향을 미치는지, 어째서 뇌와 신체에 강력한 영향을 미치는지 살펴본다. 물론 외로움이라는 문제를 해결할 방법도 짚어볼 것이다.

우선 이 질문부터 해보자. 외로움이란 무엇일까? 꽤 딱딱한 정의를 내리자면 '원하는 사회적 상호 작용의 정도와 실제 경험하는 정도 간에 걱정스러운 차이가 발생한 상태'다. 다시 말해 외로움은 실제 사회적 상호 작용의 양과 원하는 사회적 상호 작용의 양에 차이가 날 때 찾아온다. 사회적 욕구는 사람마다 다르므로 외로움을 페이스북 친구 수 같은 것으로 정량화할 수는 없다. 나는 혼자 있는 시간도 즐겨 한다. 사람들과 함께 있지 않아도 기분에 아무 문제가 없다.

반면 내 친구 중에는 혼자서 몇 시간을 보내야 하는 상황이 되면 거의 패닉에 빠지는 이도 있다. 즉 외로움은 주관적이며, '혼자 있는 것'과 동의어가 아니다. 사람은 혼자 있어도 타인과의 강한 친밀감을 느낄 수 있고, 많은 사람에 둘러싸여도 외로운 기분을 느낄 수 있다. 요컨대 당신이 외롭다고 느낀다면 외로운 것이고, 외롭지 않다고 느낀다면 외롭지 않은 것이다. 사회적 생활의 상태와 상관없이 말이다.

혹시 때때로 잠깐씩 엄습하는 외로움이 건강에 어떤 영향을 미칠지 걱정되는가? 걱정할 필요 없다. 병에 걸릴 위험을 증가시키는 것은 오랜 기간(예컨대 몇 달 또는 몇 년) 겪는 외로움이다. 잠시 외로움을 느끼는 것은 위험하지 않을뿐더러 피할 수도 없다. 외로움은 생물학적 존재인 인간의 자연스러운 일부이며, 누구나 이따금 경험하는 현상이다. 외로움을 전혀 느끼지 않길 기대하는 것은 불안을 전혀 느끼지 않길 기대하는 것과 마찬가지로 비현실적이다.

외로움과 우울증 ○

외로움은 당연히 우울증에 걸릴 가능성을 키울 것 같다. 하지만 대부분 사람은 우울증과 외로움이 실제로 얼마나 긴밀하게 연결돼 있는지 잘 모른다. 한 연구에 따르면, 우울증을 앓는 사람은 그렇지 않은 사람보다 외로움을 느낄 가능성이 10배 더 크다. 정신과 의사가 되고 나서 처음 몇 달 동안 나는 20대부터 중년, 노년까지 연령대와 상관없이 상당히 많은 환자가 외로움과 고립감에 시달리는 것을 보고 적잖이 놀랐다. 일부 환자는 그저 한동안 외로움을 느꼈지만, 대다수는 외로움과 우울증이 동시에 찾아온 것 같았다. 나는 우울증이 외로움이 가져온 결과인지, 아니면 우울증이 그들을 고립시켜 외로움을 느끼게 하는 원인인지 궁금해졌다. 우울증과 외로움 중 어느 것이 먼저일까?

오스트레일리아의 연구진이 평균 연령이 50세인 5,000명 이상의 피험자를 대상으로 연구를 진행했다. 그들에게 기분이 어떤지, 얼마나 많은 사회적 집단에 참여하는지 등을 비롯해 다양한 질문을 했다. 사회적 집단은 비영리기구, 정치적·종교적 단체 또는 같은 취미를 가진 사람들의 모임 등을 일컫는다. 예컨대 독서 모임, 교회 성가대, 요리 동호회, 뜨개질 모임, 스포츠 모임, 교구 모임, 애견인 협회, 브리지 게임 모임, 직장의 실내 축구 동호회 등이다.

2년 후 연구진은 이들에게 같은 질문을 다시 던졌다. 그러자 과거 설문조사 때 우울증 신호를 보이던 참가자 중 일부가 이번에는 그런 신호를 보이지 않았다. 우울증 신호가 사라진 이들 중 상당수는 첫 설문조사 이후 2년 동안 하나 이상의 사회적 집단에 참여해왔다. 사회적 활동을 통해 외로움에서 벗어나면 우울증을 회복할 가능성이 커진다는 얘기다. 이는 외로움이 (물론 항상 그런 건 아니지만) 종종 먼저 나타나고 그 결과 우울증이 생긴다는 신호다. 외로움에서 벗어나면 우울증이 사라질 가능성이 커진다.

사회적 집단의 영향이 중요함을 보여준 이 연구에는 또 다른 흥미로운 점도 있다. 참여한 집단의 개수가 많을수록 영향력도 증가했다는 점이다. 한 집단에 참여한 사람들은 우울증 위험이 24퍼센트 낮아졌지만, 세 집단에 참여한 이들은 그 위험이 63퍼센트나 감소했다. 그렇다면 고립과 외로움이 오늘날 우울증을 일으키는 상당한 기여 요인일 수 있다는 추론이 가능하다. 이를 뒷받침하는 연구도 적지 않다. 약 4,200명을 12년 동안 추적 관찰한 방대한 연구에서는 50세 이상 우울증 환자의 약 20퍼센트가 외로움에서 기인했음이 드러났다. 연구팀은 우울증을 앓는 사람 다섯 중 한 명이 외로움 때문에 발병했다고 밝혔다.

외로움은 신체에도 영향을 준다 ○

외로움은 뇌에만 영향을 미치는 것이 아니다. 신체 곳곳에도 영향을 준다. 한 연구팀이 심장 질환을 앓는 이들 중 어떤 사람은 살아남고 어떤 사람은 사망에 이르는 이유를 알아내는 작업에 착수했다. 이 팀은 심근경색을 앓았거나 부정맥, 심부전, 심장 판막 질환을 앓는 1만 3,000명 이상을 추적 관찰했다. 피험자들은 흡연이나 음주 여부, 가족력, 전반적 건강 상태를 연구팀에게 밝혔다. 또 외로움을 자주 느끼는지, 필요할 때 속을 털어놓을 누군가가 주변에 있는지 등의 질문에도 답했다.

몇 년 후 연구팀이 조사해보니, 흡연이나 음주를 많이 하는 심장 질환 보유자는 사망 위험이 크다는 사실이 드러났다. 그런데 외로움을 느끼는 사람도 마찬가지였다. 심장 질환의 종류와 상관없이 외로움을 느끼는 사람은 사망 위험이 거의 두 배 높았다. 이는 외로운 사람이 덜 건강한 생활 습관을 갖고 있어서일까? 운동을 하라거나 담배를 끊으라거나 정크푸드 좀 그만 먹으라고 말해줄 사람이 주변에 많지 않을 테니 말이다. 그래서 연구팀은 운동과 흡연, 식습관을 고려 요인에서 제외했다. 그럼에도 외로움은 여전히 조기 사망에 기여하는 요인이었다. 즉 외로움은 '그 자체로' 위험해 보였다.

　유방암 환자 약 3,000명을 대상으로 한 설문조사에서도 유사하게 암울한 패턴이 나타났다. 외로움을 느끼고 사회적으로 소외된 환자의 사망률이 더 높았다. 또 총 30만 명 이상의 피험자가 참여한 148건의 연구에서 나온 데이터를 분석한 결과, 가까운 친구 및 사회적 지지 네트워크의 존재가 뇌졸중이나 심근경색 발병 이후 사망 위험 감소와 대단히 밀접히 연결돼 있었다. 그런 사회적 지지 네트워크는 잘 알려진 주요한 예방 인자들(예컨대 금연, 규칙적 운동)과 동등한 효과를 냈다. 구체적으로 보자면 서구 사회의 가장 흔한 질병인 심혈관 질환과 네 번째로 흔한 사망 원인인 뇌졸중의 경우, 외로움이 흡연 못지않게 사망 위험을 크게 높였다. 이와 같은 연구 결과들을 토대로 많은 전문가가 외로움이 하루에 담배를 15개비씩 피우는 것만큼 위험하다는 결론을 내렸다.

나는 이 사실을 처음 알았을 때 꽤 충격에 빠졌다. 외로움은 어떤 방식으로 신체에 해로운 영향을 미치는 것일까?

외로움과 투쟁-도피 반응

뇌는 수많은 신경을 통해 체내 기관들을 지휘한다. 그 과정 대부분은 의식적으로 하는 통제 영역 바깥에서 일어난다. 우리는 뇌나 대장 또는 간이 움직이는 방식을 생각할 필요가 없다. 이처럼 의식과 상관없이 자동으로 작동하는 자율신경계는 두 부분으로 이루어져 있다. 앞서 잠깐 언급한 교감신경계와 부교감신경계다. 교감신경계는 투쟁-도피 반응과 관련돼 있으며 두려움이나 분노, 흥분, 긴장을 느낄 때 활성화된다. 교감신경계가 자극을 받으면 심장 박동수와 혈압이 증가하고, 빠르게 행동할 태세를 갖추려고 근육으로 가는 혈류가 증가한다. 즉 맞서 싸우거나 도망갈 준비를 하는 것이다.

반면 부교감신경계는 소화 및 휴식과 관련된다. 부교감신경계는 천천히 숨을 내쉴 때 활성화된다. 이 신경계가 활성화되면 심장 박동이 느려지고 음식을 소화하기 위해 위장과 소장 및 대장으로 가는 혈류가 늘어난다. 교감신경계와 부교감신경계 모두 지금도 당신의 몸 안에서 작동하고 있다. 그리고 어느 쪽이 우세해지는가는 계속해서 바뀐다. 버스를 놓치지 않으려고 뛰어갈 때나 중요한 프레젠테이션을 앞두고 긴장할 때는 교감신경이 주도권을 잡는다. 프레젠테이션이 끝나고 편안히 앉아 점심을 먹을 때는 부교감신경이 우세해진다.

얼핏 외로움은 부교감신경계를 활성화할 것으로 생각될 것이다. 외로운 사람은 긴장을 풀고 있는 시간이 많고 싸우거나 도망쳐야 할 대상도 없으니까. 이상하게 들릴지 몰라도, 사실은 그 반대다. 외로움은 교감신경계를 활성화하며, 소화나 편안한 상태가 아니라 투쟁-도피 반응과 관련돼 있다.

장기적인 외로움이 투쟁이나 도피 모드로 몸을 준비시킨다는 사실이 놀라운가? 하지만 역설적으로 느껴지는 연구 결과는 그뿐이 아니다. 우리는 외로움을 느낄 때 주변 환경과 타인을 더 위험하다고 인식한다. 타인의 표정에 더 민감해지고 평소와 다르게 해석한다. 중립적인 표정은 약간 위협적으로 보이고, 살짝 차가운 표정은 적대감 가득한 얼굴로 느껴진다. 뇌는 남들이 나를 부정적으로 생각할지 모른다는 신호에 매우 민감하다. 그래서 주변 사람을 경쟁자로 또는 자신에게 비협조적인 사람으로 인식한다. 원래 알던 사람도 낯선 사람처럼 느껴지기 시작한다. 요컨대 외로움을 느끼면 세상은 나에게 우호적이지 않고 위협적인 곳이 된다.

'함께'가 곧 생존을 뜻한다

뇌와 신체가 이렇게 작동하는 이유를 정확히 설명하기는 힘들지만, 기나긴 인류 역사를 되돌아보면 타당해 보이는 근거를 찾을 수 있다. 인간은 지구상에 살아온 세월의 99.9퍼센트에 해당하는 시간 동안 생존을 위해 서로에게 의존했다. 자연이 주는 모든 위험과 재해를 극복하고 살아남은 소수의 사람, 즉 우리의 조상들은 혼자서가 아니라 함께 그것들을 극복했다. 당신이 지금 이 책을 읽을 수 있는 것은 조상들이 한데 뭉쳐 서로를 보호한 덕이다. 함께 있다는 것이 곧 생존을 의미했다. 따라서 사회적 유대를 형성하고 지키려는 욕구가 강한 이들의 생존 확률이 더 높았다.

그 생존자의 후손인 당신과 나 역시 사회적 유대를 형성하고 지키려는 뿌리 깊은 본능을 물려받았다. 다시 말해 뇌는 함께하는 생활에 안녕이라는 상을 주며, 여기에는 순전히 이기적인 이유가 있다. 그것이 생존 확률을 높였기 때문이다. 반면 외로움이 초래하는 심리적 불편함은, 뇌가 우리에게 사회적 욕구를 해결해야 한다고 말해주는 신호다. 우리가 외로움을 느끼면 뇌는 죽을 위험이 증가했다는 의미로 해석한다. 그것이 바로 인류 역사의 대부분 기간에서 외로움이 뜻하는 바였기 때문이다.

이제 당신도 외로움이 소화나 휴식이 아니라 투쟁-도피 반응과 관련돼 있는 이유를 이해하게 됐을 것이다. 뇌 입장에서 볼 때 외롭다는 것은 나를 도와줄 사람이 없으므로 스스로 위험을 살펴야 한다는 뜻이다. 따라서 계속해서 경계 상태를 취하는 탓에 신체가 약한 스트레스를 장기간 받게 되고 교감신경계가 우세해진다. 장기적 스트레스는 혈압 상승과 염증 수준 증가를 가져온다. 이는 외로움이 심혈관 질환을 비롯한 여러 병의 예후를 악화시킨다는 설명이 될 수 있다.

외로움을 느끼면 뇌가 경계 태세를 강화하기에 주변 세상이 실제보다 더 위험하게 보인다. 조상들에게는 이것이 생존에 유익했을지 모르지만, 현대를 사는 우리에게는 이로움보다 해로움이 더 크다. 남들을 적대적으로 인식한다면 사회생활과 인간 관계가 더 나아질 리 만무하다. 오히려 거만하거나 쌀쌀맞은 사람으로 보이기 쉽다. 또 '그들은 내가 파티에 오지 않기를 바라는 것 같아. 그러니 안 가는 게 낫겠어'라며 타인의 의도를 마음대로 추측하는 것도 자신을 사람들과 멀어지게 할 수 있다. 이는 결국 악순환으로 이어져 사람들과 더욱더 멀어지고 세상을 더 부정적인 시각으로 보게 된다. '그들은 내가 오지 않길 바라는 게 확실해. 나한테 초대장을 보낸 건 뭔가 원하는 게 있기 때문이야. 절대 안 갈 거야.'

또한 장기간 외로움을 느끼면 수면의 질이 떨어진다는 사실도 밝혀졌다. 수면 시간이 줄지는 않더라도 더 얕은 잠을 자고 도중에 자주 깨게 된다. 혼자 자는 사람이 숙면을 취하지 못한다는 말이 이상하게 들릴 것이다. 옆에서 뒤치락거리는 사람도 없는데 왜 더 자주 깰까? 이 역시 역사가 타당한 설명을 제공한다. 혼자 자면 위험이 생겼을 때 경고해줄 사람이 없으므로, 우리 조상들에게는 얕게 자면서 작은 소음에도 깨어나는 것이 중요했던 것이다.

뇌가 사고보다 더 큰 위협으로 느끼는 것 ○

뇌가 외로움을 위험 상황으로 인식한다는 사실을 분명히 보여준 연구가 있다. 이 연구에서 사람들은 가짜 성격 검사에 참여했다. 질문지에 답한 내용과 상관없이, 연구팀은 첫 번째 참가자 그룹에는 성격 때문에 외로운 인생을 살 가능성이 크다고 말했다. 두 번째 참가자 그룹에는 성격 때문에 사고를 당할 위험이 크다고 말했고, 세 번째 참가자 그룹에는 친구가 많은 풍요로운 사회생활을 할 가능성이 크고 사고를 당할 위험이 없다고 말했다.

이와 같은 검사 결과를 들은 직후, 그들은 집중력과 기억력을 평가하는 여러 인지 검사에 참여했다. 그러자 외로운 인생을 살 위험이 있다는 말을 들은 그룹은 풍요로운 사회생활을 하며 사고를 당하지 않을 거라는 말을 들은 그룹보다 더 낮은 점수를 받았다. 물론 이는 놀랍지 않은 결과다.

외로움을 겪으리라는 말을 들으면 우리 뇌는 배제당하는 걸 피하기 위해 뭘 해야 할지 즉시 분석하기 시작한다. '무리에서 쫓겨나지 않으려면 어떻게 해야 하지?' 하고 말이다. 그래서 집중력이 약해져 인지 검사에서 낮은 성과를 낸다. 사고를 당할 위험이 크다는 말을 들은 그룹도 마찬가지였다. 이들 역시 인지 검사에서 낮은 점수를 받았다. 이 역시 놀랍지 않다. 그런 말을 들으면 뇌는 사고를 피하기 위해 해야 할 일을 생각하기 시작한다. 그러니 집중력이 떨어지고 인지 검사 결과가 나쁘게 나오는 것이다.

흥미로운 점은 따로 있다. 성격 때문에 외롭게 살 가능성이 크다는 말을 들은 그룹이 사고를 당할 위험이 크다는 말을 들은 그룹보다 인지 검사에서 더 낮은 점수를 받았다는 것이다. 뇌 입장에서는 미래의 외로움이 미래의 사고보다 더 큰 위협으로 다가왔다는 의미다. 뇌는 외로움을 어떻게든 피하려고 애쓴다. 피해야 할 우선순위에서 사고보다 더 위에 있다.

배제될 가능성을 암시하는 사회적 신호에 우리가 얼마나 신경을 쓰는지 생각해보라.

'그녀가 왜 나한테 연락을 안 했지?'

'내가 왜 결혼식에 초대받지 못한 걸까?'

'나한테는 가자는 얘기도 안 하고 자기들끼리 여행 다녀온 사진을 왜 올렸을까?'

머릿속에 자꾸 맴도는 이런 생각을 지우기 어려운 것은 인류 역사의 대부분 시간 동안 무리에서 배제당하는 건 뭔가 단단히 잘못됐으며 심지어 목숨이 위험할 수도 있다는 신호였다는 사실에서 기인한다. 이런 신호가 감지되면 즉시 행동해야 했다.

실제로 누군가를 배제하는 것(파티에 초대하지 않는 것이든, 옆에 있는데도 유령 취급하는 것이든)은 본질적으로 그들이 더는 무리에 속하지 않는다는 신호를 보내는 것과 같다. 뇌는 이것을 시급한 문제로, 심지어 생존에 위협을 받는 상태로 인식하므로 교감신경계 활동이 증가한다.

반대로 누군가를 받아들이는 것(초대장을 보내거나 전화를 걸거나 문자 메시지를 보내는 등)은 그들이 소속돼 있다는 신호를 보낸다. 받아들여지는 사람의 뇌 깊은 곳에서 작동하는 오래된 메커니즘은 이를 안 좋은 일이 생기면 자신을 도와줄 누군가가 존재한다는 뜻으로 해석한다. 그의 뇌는 이제 위험을 느끼지 않으므로 교감신경계도 활동을 줄인다.

외로움 vs 배고픔

MIT 연구팀이 실험 참가자를 모집한 뒤 창문 없는 방에 고립된 채 열 시간을 보내게 했다. 참가자들은 휴대전화도 사용할 수 없었다. 그런 뒤 연구팀은 자기공명영상(MRI) 장치로 그들의 뇌를 촬영했다. 실험 중 어떤 사람과도 마주치지 않도록, 연구팀은 그들이 MRI 기계에 스스로 들어가 자리 잡는 방법을 사전에 알려줬다. 그리고 참가자들에게 사람들이 함께 어울리는 사진을 보여주면서 뇌를 촬영했다. 이때 뇌 깊은 곳의 흑질(substantia nigra)이라는 영역이 활성화됐다. 사람들을 만나고 싶다는 갈망이 크다고 대답한 참가자일수록, 평소 사회적 활동을 활발히 한 참가자일수록 흑질이 더 크게 활성화됐다.

이어 연구팀은 열 시간 동안 금식하게 한 후 참가자들에게 음식 사진을 보여주면서 MRI 촬영을 했다. 흥미롭게도 이때 흑질의 활동 패턴 역시 사람들이 교류하는 사진을 보여줬을 때와 비슷했다. 그러나 뇌의 다른 영역들(예컨대 보상 시스템)에서는 참가자들이 원하는 것이 음식이냐 사람들이냐에 따라 활동 패턴이 달라졌다.

연구팀은 갈망하는 대상이 음식이든 사람이든 또 다른 무엇이든, 흑질이 갈망에 대한 '일반적인' 신호를 보내는 영역이라고 결론 내렸다. 다른 뇌 영역들의 활동은 우리가 원하는 것이 무엇이냐에 따라 달라진다. 배고플 때와 사회적 교류에 대한 욕구를 느낄 때 뇌에서 비슷한 신경 시스템이 작동한다는 사실은 뇌 입장에서 사회적 관계를 형성하고 지키려는 본능이 먹는 본능만큼이나 중요하다는 것을 시사한다

적을 알아야 물리칠 수 있다 ○

뇌가 외로움에 반응하는 방식과 그 배경을 이토록 길게 설명하는 이유는 외로움을 극복하는 데 중요하기 때문이다. 현재 외로움을 느끼고 있다면, 앞서 설명한 심리적 현상들이 당신에게도 해당하는지 생각해보길 바란다. 세상이 위험하고 적대적인 곳으로 느껴지는가? 자기 자신을 지나치게 부정적으로 바라보는가? 만일 그렇다면 그것은 당신의 뇌가 원래의 작동 방식대로 반응하고 있다는 신호다.

타인과의 대화가 삐걱거린다고 느꼈다면 그것이 정말로 삐걱거리는 상황이었는지 잘 생각해보라. 당신이 직장 동료나 학교 친구 또는 낯선 행인의 말에 부정적으로 반응했다면, 혹시 부정적 측면에 지나치게 집중했던 것은 아닐까? 아마 당신은 그러지 않았다고 대답할 것이다. 그러나 외로움을 느낄 때는 자신의 생각과 판단을 무조건 믿지 말아야 한다. 불안에 시달릴 때 자신의 생각을 무턱대고 믿어서는 안 되는 것과 마찬가지다. 외로움과 싸워 이기려면 먼저 외로움이란 감정이 우리에게 어떤 영향을 미치는지 제대로 알아야 한다. 미국의 연구팀이 외로움을 극복하는 다양한 접근법(사회적 능력 함양 훈련, 지지 그룹 활용 등)을 비교한 여러 연구를 분석한 결과, 가장 효과적인 방법은 외로움이 사고 패턴과 자기 인식에 어떤 영향을 미치는지를 치료 과정에서 체계적으로 배우는 것이었다.

이런 메커니즘을 아는 것은 타인이 외로움을 극복하게 도울 때도 중요하다. 주변의 누군가가 때때로 까칠하거나 과민하거나 쌀쌀맞게 군다면, 꼭 그가 당신을 싫어하거나 어떤 도움도 원치 않는다는 신호로 해석하지는 말기 바란다. 그의 행동이 외로움의 증상일 수도 있다는 얘기다.

짧은 전화 통화가 발휘한 힘 ○

물론 하늘에서 내려다보듯 자신의 생각을 높고 넓은 시각으로 바라보면서 외로움이 자신에게 미치는 영향을 깨닫는 일이 결코 쉽지만은 않다. 다른 방법은 없을까? 전 세계인이 고립과 봉쇄를 견뎌야 했던 2021년 겨울, 한 연구가 중요한 퍼즐 조각 하나를 제시했다. 연구팀은 27~101세의 성인 240명을 대상으로 실험을 했다. 이들 대다수는 가족이나 동거인 없이 혼자 사는 이들로 장기적 외로움을 겪을 가능성이 컸다. 먼저 참가자들은 자신이 경험하는 외로움과 고립에 대해 대답하는 설문지를 작성했고, 이 답변을 토대로 '외로움 점수'가 매겨졌다. 이후 연구팀의 지시를 받은 사람이 그들에게 매주 2~3회 전화를 걸어 대화를 나눴다. 대화 주제는 어떤 것이든 상관없었고, 전화 통화는 대개 10분을 넘지 않았다.

4주 후 참가자들은 이전에 작성한 것과 같은 설문지를 다시 작성했고 외로움 점수도 다시 매겨졌다. 놀랍게도, 외로움 점수가 이전보다 20퍼센트 낮아졌다. 불안과 우울증 증상도 줄어들었다. 가끔 짧은 전화 통화를 한 것이 어떻게 그처럼 뚜렷한 변화를 가져왔을까? 수십 년 경력의 심리학자가 전화를 걸어서 최신 연구 결과를 반영해 완벽하게 균형 잡힌 정확한 지침을 제공했던 것일까? 전혀 아니다. 그들에게 전화한 사람은 공감하는 대화법을 한 시간 동안 교육받은 17~23세의 젊은이였다. 교육 내용은 대화 상대의 말 경청하기, 상대의 말에 진심 어린 관심 표현하기, 대화 주제를 상대가 정하게 하기 등이었다.

이 실험 기간은 불과 4주였지만 만일 수년 동안 진행했다면 어땠을지 상상해보라. 짧은 통화로 그들은 외로움이 훨씬 줄었고, 따라서 금연에 맞먹는 건강상의 이로움을 얻었을 것이다.

얼마만큼의 사회적 활동이 필요할까? ○

참여하는 사회적 집단의 개수가 많을수록 우울증 발생 위험이 낮아짐을 보여준 연구 결과를 떠올려보라. 한 가지 질문이 생각난다. 사회적 활동을 많이 할수록 무조건 더 좋을까, 아니면 좋은 것이라도 그 수가 지나치면 안 좋은 것일까? 친구는 몇 명이면 '충분'할까? 외로움에 관한 연구는 비교적 최근에 시작됐고 개인별 차이도 크지만, 끊임없이 사회적 활동에 참여하는 것보다는 소수의 사람과 강한 유대감을 느끼는 것이 훨씬 더 중요해 보인다. 우리를 가장 의미 있게 보호해주는 것은 신뢰와 편안함을 느끼는 적은 수의 친구인 것 같다.

친밀한 소수와의 관계가 많은 이들과의 피상적 관계보다 더 중요함을 보여준 유명한 심리학 연구가 있다. 1930년대 말 하버드 대학교 연구팀이 행복한 삶의 열쇠를 알아보는 작업에 착수했다. 야심 찬 주제인 만큼 연구 규모도 만만치 않았다. 연구팀은 대학생과 보스턴 대도시권 빈민 지역의 청년 수백 명을 모집한 뒤 이들을 추적 관찰했다. 정기적으로 면담을 진행하고 신체 건강을 측정했다. 시간이 흘러 이들이 가정을 꾸린 후에는 배우자와 자녀도 면담에 참여시켰다.

이 연구는 원래 15년간 진행할 계획이었지만 80년 넘게 지난 지금도 진행 중이다. 일부 참가자는 20세부터 시작해 90세가 넘을 때까지 연구팀과 함께했다. 사회적으로 큰 성공을 거둔 이들도 있고, 그중 한 사람인 존 F. 케네디는 미국 대통령이 됐다. 설문조사와 면담, 여러 검사 등의 데이터를 종합 분석한 연구팀은 중요한 사실을 발견했다. 대다수 사람에게 가장 중요한 것은 부나 사회적 지위, 명예, 권력이 아니라 가족, 친구, 동료와의 친밀하고 만족스러운 관계라는 점이다. 이 연구를 30년 넘게 이끈 정신과 의사 조지 베일런트(George Vaillant)의 다음 말은 어떤 통계 수치나 도표보다 정확하고 인상 깊게 연구 결과를 요약해준다. "연구가 처음 시작됐을 때는 누구도 공감과 친밀함에 신경 쓰지 않았다. 그러나 건강하고 행복하게 나이 드는 열쇠는 사람들과의 관계다."

이 연구에서 흥미로운 사실이 다수 발견됐다. 인간의 행복이라는 주제에 관심이 있다면 한번 살펴보길 강력히 추천한다. 그

중 하나는 인생을 살면서 인간관계가 부침을 겪는지 아닌지(즉, 사람들과의 관계가 덜 만족스러운 기간이 있었는지 아닌지)는 행복을 크게 좌우하지 않는다는 점이었다. 그보다 중요한 점은 힘든 일이 생겼을 때 의지할 누군가가 있느냐 하는 것이었다. 또 외로움의 경험은 삶의 시기에 따라 달라지는 경우가 많았다. 어떤 사람들은 20대 중반에 극심한 외로움을 느꼈지만 이후 삶에서는 그렇지 않았다. 현재 이 연구의 책임자인 정신과 의사 로버트 월딩어(Robert Waldinger)의 말에 따르면, 성격은 30세경에 '석고처럼 완전히 굳어지는' 것이 아니며 얼마든지 변할 수 있다.

외로움을 줄이기 위한 조건   ○

코로나19가 세상을 휩쓸자 디지털 기기가 모두에게 없어서는 안 될 생명선이 됐다. 업무 회의나 요가 수업, 업무 후 술자리 모임, 병원 진료 등 온갖 활동이 온라인에서 이뤄지면서 실제 세계보다 온라인 세계에서 보내는 시간이 점점 많아졌다. 이윽고 많은 사람이 스트레스와 외로움을 겪는다는 연구 결과가 곳곳에서 나왔다. 과거에도 온갖 전염병이 인류를 위협했다는 사실을 생각해보면, 쏟아지는 전염병 관련 정보 때문에 심한 스트레스를 받는 것은 놀랍지 않다. 하지만 디지털 세상은 늘 연결돼 있어 언제든 연락을 취하고 화면으로 얼굴도 볼 수 있는데 사람들이 느끼는 외로움은 왜 커졌을까? 왜 디지털 화면이 우리의 사회적 욕구를 채워주지 못했을까?

의학 분야에서는 100퍼센트 정확한 답을 제시하기 힘든 경우가 많지만, 피부에서 실마리를 찾을 수 있다. 우리 피부에는 가벼운 접촉에만 반응하는 수용체가 있다. 이 수용체는 고통이나 온도, 강한 압력에는 반응하지 않고 가벼운 접촉에만 반응한다.

진화 프로세스는 왜 굳이 인간의 몸에 가벼운 접촉에만 반응하는 부품을 장착해놓았을까? 그 이유를 알려주는 단서 하나는, 이 수용체가 초속 2.5센티미터 이하 속도의 접촉에 반응하며 이는 손으로 어루만지는 행위와 같은 속도라는 사실에서 찾을 수 있다. 또 다른 단서는 이 수용체의 신호 전달 경로를 따라가 보면 나온다. 이 경로는 피부에서 시작해 뇌 아래쪽의 뇌하수체로 이어진다. 신호를 전달받은 뇌하수체는 엔도르핀(endorphin)을 분비한다. 엔도르핀은 통증을 억제하고 기분을 좋게 해주는 물질이다.

세 번째 단서는 우리와 사촌 격인 다른 영장류 동물에게 있다. 피부의 이 수용체는 침팬지와 고릴라도 갖고 있다. 침팬지와 고릴라는 깨어 있는 시간 중 최대 20퍼센트를 서로의 털을 고르며 손질해줌으로써 이 수용체를 활성화하는 데 할애한다. 이 행동을 '그루밍(grooming)'이라고 한다. 이들은 꼭 털을 깨끗하게 유지하려고 그루밍을 하는 것이 아니다. 그런 이유라면 깨어 있는 시간의 20퍼센트나 필요하지는 않을 것이다. 흥미롭게도 털을 골라주는 행위에는 사회적 목적도 있다. 그루밍을 해주는 쪽과 받는 쪽 모두 엔도르핀이 분비되고 이것이 유대감을 형성하는 것이다. 이들 동물은 무리 전체의 구성원들끼리 서로 그루밍을 하는 경향이 있으므로 집단 유대감이 형성된다.

침팬지와 고릴라는 대개 20~30마리씩 모여 생활하는데, 그루밍이 사회적 유대감을 형성하고 강화하는 데 큰 효과를 낸다. 그러나 우리 인간은 그루밍을 한다면 일대일로밖에 할 수 없으므로 유대감을 효과적으로 형성할 수 있는 집단의 규모에 한계가 있다. 앞서 살펴봤듯 오랜 세월 동안 인간은 최대 150명이 집단을 이뤄 살았고, 이는 유대감 형성을 위해 그루밍을 하기에는 너무 많은 숫자다. 만일 날마다 그 사람들을 다 어루만져 줘야 한다면 다른 일은 아무것도 할 수 없을 것이다.

집단 그루밍 ○

영국 인류학자 로빈 던바(Robin Dunbar)는 두 사람 이상의 뇌에서 동시에 엔도르핀을 분비시켜 집단 그루밍을 할 수 있게 하는 행동이 존재하는지 연구했다. 그는 웃음에 그런 효과가 있으리라고 추측했다. 그리고 이 가설을 검증하기 위해 서로 모르는 사이인 사람들이 극장에서 함께 코미디 영화를 보게 했다. 비교를 위해 역시 서로 모르는 사람들로 구성된 또 다른 그룹에는 길고 지루한 다큐멘터리를 보여줬다. 하지만 엔도르핀 양은 측정하기가 쉽지 않고, 설령 혈액의 엔도르핀 농도를 측정한다고 해도 실제로 뇌 안의 농도가 어느 정도인지는 정확히 알 수 없다. 그래서 던바는 엔도르핀이 지닌 진통 효과를 이용했다. 피험자들에게 얼음물에 손을 담그게 하고 얼마나 오래 견디는지 측정한 것이다.

엔도르핀 분비가 증가하면 통증 역치가 높아지므로 얼음물을 더 오래 견딜 것이라는 게 던바의 추측이었다. 아니나 다를까, 코미디 영화를 본 그룹은 손을 얼음물에 더 오래 담그고 있었다! 더 흥미로운 것은 그들이 약하게나마 서로에 대한 친밀감을 느껐다는 사실이다. 극장에 들어갈 때는 낯선 사이였지만 나올 때는 유대감이 형성됐다는 느낌을 받았다고 답했다. 지루한 다큐멘터리를 본 그룹은 통증 역치에 변화가 없었고 유대감도 형성되지 않았다.

그런데 코미디 영화를 본 그룹이 유대감을 느낀 것이 정말 엔도르핀 때문이었을까? 더 정확히 확인해야겠다고 생각한 던바는 핀란드 연구팀과 함께 PET 기술을 사용해 후속 실험을 했다. '양전자 방출 단층 촬영(positron emission tomography)'을 뜻하는 PET는 다른 물질들(예컨대 엔도르핀)과 결합하는 방사성 물질을 주사한 후 체내 분포를 검사하는 기술이다. 연구팀은 피험자들에게 이 물질을 주사한 뒤 그들을 웃게 했다. 그러자 실제로 엔도르핀 분비가 확인됐다. 따라서 함께 웃는 것은 영장류 동물이 서로의 털을 손질해주는 것과 같은 역할을 하는 것으로 보인다. 중요한 차이가 있다면, 웃음은 두 사람 이상 사이에서도 유대감을 촉진할 수 있다는 것이다. 이는 우리가 혼자 있을 때보다 남들과 함께 있을 때 30배 더 자주 웃는 이유도 설명해준다. 실제로 그런 연구 결과가 있다.

던바는 덜 긍정적인 감정도 유사한 효과를 내는지 알아보기 위해 서로 모르는 이들로 구성된 그룹에 톰 하디(Tom Hardy)가

나오는, 정서적 스트레스를 유발하는 영화를 보여줬다. 영화에서 톰 하디는 극도로 불행한 삶을 사는 노숙자에 알코올 중독자이며, 나중에 자살로 생을 마감한다. 던바는 이 비극적인 영화가 코미디 영화와 같은 효과가 있음을 발견했다. 즉 사람들은 통증 역치가 높아졌고 서로 유대감을 느꼈다. 만일 당신이 영화관을 나설 때 상기된 기분으로 다른 관객과 영화에 대해 이야기를 나눈다면, 몸에서 엔도르핀이 분비돼 유대감을 만들어냈기 때문일 가능성이 크다.

하지만 코미디나 비극적인 영화를 사람들과 함께 보는 행위만 엔도르핀을 분비시키는 것이 아니다. 여럿이 춤을 춰도 엔도르핀이 분비된다. 함께 노래하거나 운동하는 것도 마찬가지다. 콘서트장에서 함께 노래를 하거나 극장에서 감동적인 영화를 보거나, 코미디를 보면서 마음껏 웃거나, 사람들과 함께 운동할 때 유대감을 느끼는 것은 뇌에서 엔도르핀이 분비되기 때문인 것으로 보인다. 엔도르핀은 주변 사람들과 하나가 됐다는 결속감을 촉진한다. 던바는 웃기, 춤추기, 재미있거나 슬픈 이야기 공유하기 같은 행위가 더 효과적인 형태로 진화한 그루밍이라고 설명한다. 이런 행위 덕분에 인간이 다른 영장류 동물보다 더 큰 규모의 집단을 이뤄 살면서도 결속을 다질 수 있었다는 것이다. 그러므로 문화는 우리에게 절대 없어서는 안 되는 요소다!

이런 모든 활동의 공통점은 엔도르핀이 분비되려면 '함께해야' 한다는 사실이다. 많은 이들이 동시에 같은 감정을 경험하는 것이 중요하다는 얘기다. 집단 활동이 점점 더 온라인으로 이동하는 시대에 이것이 왜 중요할까? 뇌의 엔도르핀 사용은(이는 신체적 접촉으로 촉진된다) 우정이나 친밀감이 형성되는 생화학 프로세스에서 핵심 요인으로 보인다. 이는 우리가 본능적으로 지닌 사회적 욕구에서 신체적 측면이 중요하다는 점을 강하게 시사한다. 팬데믹 시기에 우리 삶에서 그 신체적 측면이 제한될 수밖에 없었다는 사실을 떠올리면, 그토록 많은 이들이 외로움을 느낀 이유를 알 수 있다. 우리는 실제로 얼굴을 마주하고, 신체를 접촉하고, 서로 물리적으로 가까워져야 한다. 우리의 강한 사회적 욕구가 수백만 년 동안 그런 행위를 통해 진화해왔기 때문이다. 디지털 기기의 화면을 통해 사회적 지지 일부를 얻을 수 있을지 몰라도, 전부는 얻을 수 없다.

소셜 미디어와 디지털 커뮤니케이션이 멀어질 수도 있었을 사람과의 관계를 유지하는 데 도움이 될 수 있지만, 화면을 통해 친밀하고 깊은 관계를 새로 형성하기는 힘들다고 던바는 말한다. 그리고 누군가를 직접 만난다는 것은 그 사람과의 관계에 기꺼이 노력을 기울인다는 신호를 보내는 것과 같다. 요즘 같은 디지털 시대에는 특히 더 그렇다. 하루는 24시간뿐이므로 온라인에서 보내는 시간이 많아질수록 타인을 실제로 만날 시간은 줄어든다. 만일 누군가가 가상 접촉 기술을 발명한다면 노벨상을 줘야 마땅하다고 던바는 말한다. 그런 기술이 있다면 수백만, 어쩌면 수십억 명의 소속감과 유대감을 촉진할 수 있을 것이다. 하지만 아직은 그런 기술이 없으므로 우리는 사회적 욕구에서 신체적 측면이 중요하다는 사실을 기억해둘 필요가 있다.

디지털 기기에 대한 의존도가 높아지는 생활은 외로움의 한 측면인 또 다른 정신 상태에도 영향을 미친다. 이제 그것에 대해 알아보자.

가장 외로움을 느끼는 연령대는?

각국에서 나온 여러 연구에 따르면, 인류의 20~30퍼센트가 종종 외로움과 고립감을 느낀다. 물론 삶의 시기에 따라 외로운 감정이 변화하는 양상은 사람마다 다르다. 하지만 개인차가 있다고 해도 눈여겨볼 만한 패턴은 있다. 16~24세가 외로움을 느끼는 비율은 30~40퍼센트다. 35~45세는 약 3분의 1이 외로움을 느낀다. 45세 이상에서는 외로움이 줄어들곤 한다. 이는 나이가 들수록 더 신중하고 까다롭게 사람을 사귀고, 자신에게 가장 소중한 사람들을 중심으로 관계를 꾸리기 때문일 것이다. 외로움을 가장 적게 느끼는 연령대는 60대다. 그러나 85세 이후에는 다시 외로움이 증가한다. 배우자와 친구가 세상을 떠나는 경우가 많기 때문일 것이다.

휴대전화 때문에 치러야 하는 대가 ○

성인은 휴대전화를 하루에 평균 세 시간에서 네 시간 정도 사용한다. 10대는 다섯 시간에서 여섯 시간이다. 학교에 있을 때를 제외한 시간의 거의 절반을 휴대전화와 보내는 셈이다. 디지털 기술은 인류 역사상 가장 짧은 시간에 인간의 행동을 급격히 변화시켰다. 디지털 기술이 우리의 사고와 감정에 미치는 영향은 아직 연구할 부분이 많은 주제다. 하지만 방금 언급한 휴대전화 평균 사용 시간만 봐도 디지털 기술 때문에 치러야 하는 커다란 대가가 무엇인지 알 수 있다. 하루는 24시간으로 딱 정해져 있으니 휴대전화와 보내는 시간이 길어질수록 다른 것을 할 시간은 줄어든다. 사람을 만나거나 운동할 시간이 줄고 잠자는 시간도 줄어든다. 그러니 다음과 같은 통계도 그리 놀랍지 않다. 21세기가 시작된 이래 14세 남자아이들의 평균 걸음 수는 30퍼센트 줄었고 여자아이들은 24퍼센트 줄었다. 또 불면증 탓에 전문가의 도움을 받거나 수면제를 처방받는 10대 청소년의 수는 같은 기간에 약 1,000퍼센트 증가했다.

정신 건강 문제에 관한 한 중요한 것은 우리가 휴대전화로 무엇을 하느냐가 아니라 휴대전화를 들여다보느라 무엇을 '못 하느냐'다. 온라인 세계에 대한 의존성이 높아지면서 정신 건강을 유지하는 데 꼭 필요한 활동(수면, 운동, 사람을 직접 만나 교류하기)이 점점 줄어들고 있다. 그런데 휴대전화를 장시간 사용하는 것 '자체도' 위험할 수 있을까? 뒤에서 살펴보겠지만, 우리가 20년이나 30년 전보다 더 우울해졌는지는 확실히 말하기 힘들다. 하지만 그런 변화가 확실히 일어났다고 말할 수 있는 그룹이 있다. 10대, 특히 여자아이들이다. 정신 건강 문제를 겪는 10대 청소년은 분명히 증가했다. 한 연구에 따르면 설문조사에 답한 여학생의 62퍼센트가 불안, 복통, 수면장애 등 만성적 스트레스 증상을 겪는다고 했다. 이는 1980년대와 비교해 두 배가 넘는 수치다. 남학생은 35퍼센트였는데, 이는 1980년대의 두 배다. 이 같은 우울한 추세는 다수의 나라에서 관찰됐다.

정신 건강 문제가 여학생에게 특히 더 많이 나타나는 이유를 정확히 말하기는 힘들지만, 내 나름대로 추론해본 바는 이렇다. 10대는 방과 후 시간의 거의 절반을 휴대전화를 보며 보낸다. 여학생은 주로 소셜 미디어를 하고 남학생은 게임을 한다. 이것이 여학생이 정신 건강 문제를 더 많이 겪는 현상과 어떤 관련이 있지 않을까? 그 답을 찾기 위해 이번에도 뇌의 관점에서 생각해보자.

나와 타인을 비교하는 삶 ○

당신의 귓불 뒤쪽 2~3센티미터쯤 되는 지점을 손가락으로 짚어보라. 거기에서 뇌 안쪽으로 직선으로 들어가면 솔기핵(raphe nuclei)이 있다. 솔기핵은 대략 15만 개의 뇌세포로 이뤄져 있다. 이는 전체 뇌세포의 약 0.0002퍼센트에 불과하지만 솔기핵은 우리의 신체 기능과 감정에 대단히 중요한 역할을 한다. 이곳에서 뇌의 가장 흥미로운 물질 중 하나인 세로토닌이 분비된다.

현재 많은 나라에서 성인 열 명 중 한 명 이상이 항우울제를 복용하고 있다. 가장 널리 사용되는 항우울제는 체내 세로토닌양을 증가시키는 선택적 세로토닌 재흡수 억제제(selective serotonin reuptake inhibitor, SSRI)다. (과거에는 낮은 세로토닌 수치가 우울의 원인으로 지목되었으나, 최근의 대규모 연구 및 메타 분석 연구들은 우울장애 환자들이라고 해서 뇌 내 세로토닌 수준이 반드시 낮은 것은 아니라는 의견을 내놓았다. 다만 세로토닌 농도를 높여주는 것은 우울증 완화에 분명 효과가 있다고 밝히고 있다.-옮긴이) 그토록 많은 이들이 세로토닌을 복용해야 하는 이유는 무엇일까? 그런 약물이 인간이 지닌 사실상 무한하고 보편적인 어떤 욕구를 채워주는 것일까? 먼저 뇌 이야기부터 해보자.

솔기핵에서 분비된 세로토닌은 최소 20개의 신호 경로를 통해 뇌 곳곳으로 이동한다. 이 과정에서 세로토닌은 다양한 심리적 특성이 발현되는 데 영향을 미치며 그 양상 역시 대단히 복잡하다. 그러나 가장 중요한 역할로 보이는 것은 이것이다. 세로토닌은 우리가 몸을 사리고 위축되는 정도에 영향을 미친다. 그리고 이는 인간에게만 해당하는 얘기가 아니다.

세로토닌은 적어도 10억 년 전부터 존재했고, 인간 이외에 여러 종에서도 행동 위축 정도에 영향을 미친다. 큰가시고기와 제브라피시는 세로토닌 분비를 증가시키는 약물에 노출되면 조심성과 경계심이 줄어들어 포식자에게 잡아먹힐 위험이 커진다. 수백만 년의 진화를 통해 미세하게 조정된 세로토닌의 균형 상태가 행동 위축 정도를 조절하는데, 그 균형이 무너지자 목숨이 위태로워진 것이다. 물고기는 주로 다른 종 때문에 생명의 위협을 받지만, 그 밖의 동물은 같은 종에게 위협을 받을 수도 있다. 예를 들어 게는 서로에게 달려들어 격렬하게 싸우곤 한다. 보통은 더 강한 게가 이김으로써 싸움이 끝난다. 그런데 세로토닌을 증가시키는 약물을 주입하면 약한 게도 주도권을 잡은 듯이 행동하면서 후퇴하지 않으려 한다. 요컨대 세로토닌 수치가 변화하자 자기 서열에 대한 인식도 변화한 것이다. 침팬지도 마찬가지다. 우두머리 침팬지가 자리에서 밀려나면 권력의 공백이 생긴다. 이때 무작위로 선발한 침팬지에게 세로토닌을 증가시키는 약물을 주입하면 그 침팬지가 주도권을 잡고 새로운 우두머리가되는 경향이 있다. 인간 역시 위계질서 내에서 자신의 위치를 인식하는 방식에 세로토닌이 영향을 미치는 것으로 보인다.

반대도 마찬가지다. 위계질서 내에서 자신의 위치를 어떻게 인식하느냐가 세로토닌의 양에 영향을 미친다. 예컨대 미국 대학 기숙사의 학생들을 관찰한 결과, 그곳에서 오랫동안 지내면서 리더 역할을 한 학생들이 새로 들어온 학생들보다 세로토닌 수치가 더 높았다.

그런데 이 모든 것이 10대의 정신 건강과 무슨 관련이 있을까? 세로토닌은 우리의 감정에도 영향을 미친다. 알다시피 널리 쓰이는 항우울제는 세로토닌 농도를 조절해 기분을 나아지게 해준다. 이는 위계질서 내에서의 자기 위치에 대한 인식과 우리의 감정이 생물학적으로 대단히 밀접히 연결돼 있음을 의미한다. 만일 서열에서 뒤로 밀려나면 기분이 우울해질 것이다. 특히 오늘날에는 그런 기분을 느낄 이유가 차고 넘친다. 소셜 미디어가 자신의 삶과 타인의 완벽한 삶을 끊임없이 비교하게 하기 때문이다. 한마디로 세로토닌의 관점에서 보자면 요즘은 과거 어느 때보다도 우울해질 이유가 많아졌다.

세로토닌의 발견

세로토닌의 발견은 과학계의 중요한 사건임과 동시에 역사상 가장 널리 판매된 약물 중 하나를 탄생시키는 데에도 기여했다.

1930년대 중반 이탈리아 화학자 비토리오 에르스파메르(Vittorio

Erspamer)는 소화계 운동 기능의 조정력을 연구하던 중 장을 수축시키는 물질을 발견했다. 처음에 그는 이것을 아드레날린(adrenaline)이라고 생각했지만 사실은 그렇지 않았다. 이 물질은 기존의 다른 물질과도 비슷하지 않았다. 에르스파메르는 자신이 과학계에 알려지지 않은 물질을 발견했음을 깨닫고, 의학 용어에서 '장(腸)'을 뜻하는 'enter-'를 붙여 '엔테라민(enteramine)'이라고 명명했다.

10여 년 뒤 미국 의사 어빈 페이지(Irvine Page)가 고혈압을 일으키는 생리적 메커니즘을 연구하다가 혈액에서 혈관을 수축시키는 물질을 발견했다. 이는 엔테라민과 같은 물질로 밝혀졌다. 혈액의 액체 성분이 '혈청(serum)'이므로, 엔테라민에 '세로토닌(serotonin)'이라는 새로운 이름을 붙였다. 페이지는 고혈압에서 세로토닌이 하는 역할을 연구하던 도중 스물다섯 살의 생화학자 베티 맥 트와로그(Betty Mack Twarog)를 만났다. 트와로그는 세로토닌이 훨씬 더 많은 기능을 하리라고 추측했으며, 뇌에도 있을지 모른다고 생각했다.

페이지는 그런 트와로그의 생각에 회의적이었음에도 이 젊은 생화학자에게 실험실을 마련해줬다. 이는 현명한 결정임이 드러났다. 1953년 트와로그가 세로토닌이 인간을 포함한 포유류의 뇌에 존재한다는 사실을 증명한 것이다. 세로토닌은 식욕, 수면, 공격성, 충동성, 성적 욕구 등 매우 다양한 생리적·정신적 활동에 관여한다. 하지만 무엇보다 불안 및 우울증과 관련해 중요한 역할을 한다.

이후 세로토닌에 관한 연구가 활발히 이뤄졌다. 특히 제약 회사들이 큰 관심을 보였다. 커다란 수익 창출 가능성을 직감한 것이다. 세로토닌으로 인간의 감정 상태를 변화시켜 불안과 우울을 완화할 수 있지 않을까? 이는 놓치고 싶지 않은 기회였다. 이들의 연구는 곧 열매를 맺었고, 몇 년 뒤에는 세로토닌 농도를 조절하는 여러 종류의 약물이 출시됐다. 하지만 이들 약물은 뇌의 다른 물질들에도 영향을 미쳤다. 이것이 종종 부작용을 일으키는 것이 분명해지자, 오로지 세로토닌 농도에만 영향을 주는 약물을 개발하는 일에 노력이 집중됐다.

1980년대 후반 첫 조제약이 개발된 이후 다양한 SSRI가 판매되고 있다. SSRI는 다른 의약품들에 비해 엄청난 상업적 성공을 거뒀을 뿐 아니라 역사상 가장 많이 판매된 제품 중 하나에 속한다.

이런 생각이 들지 모른다. 원래 우리는 서열에서 뒤로 밀려 우울해질 가능성과 늘 함께 살아오지 않았던가? 물론 맞는 말이지만, 과거에 그런 기분을 초래한 것은 오늘날 우리가 만나는 완벽한 삶의 외양이 아니었다. 요즘은 행복하고 멋진 삶이 담긴 친구들 사진이 끊임없이 시야에 들어오는 것도 모자라, 수많은 인플루언서가 비교의 기준을 무지막지하게 높여놓는다. 우리보다 더 똑똑하거나, 더 예쁘거나, 더 부자이거나, 더 인기 많고 성공한 누군가가 존재한다는 사실을 온라인 화면이 시시각각 일깨운다. 그러면 우리는 서열에서 계속 밀린다는, 사회적 지위가 떨어지고 있다는 기분을 느낀다. 자연히 울적해질 수밖에 없다.

본질적으로 볼 때 위계질서 내에서 자기 위치를 끊임없이 신경 쓰는 것은 뇌가 외로움과 고립을 피하려 애쓰기 때문이다. 무리에서 쫓겨나지 않도록 자신을 보호하기 위해 뇌는 계속 이런 생각을 한다. '내가 잘 어울리고 있나?' '나는 집단에 받아들여질 만큼 똑똑한가/재미있는가/아름다운가?'

오늘날에는 이런 질문이 뇌가 진화해온 환경과는 전혀 다른 환경에서 던져진다. 칼로리에 대한 우리의 갈망이 먼 옛날 칼로리가 부족하던 세상에서 수십만 년에 걸쳐 진화해오며 생겨났듯 (하지만 음식을 언제든 마음껏 먹을 수 있는 오늘날에는 칼로리에 대한 본능적 갈망이 파괴적 결과를 낳고 있다), 자신과 타인을 비교하려는 충동도 인간이 소규모 집단을 이뤄 살던 세상에서 진화했다. 그 본능이 자신을 부적절하다고 느낄 온갖 방법이 있는 세상에서도 유지되고 있으니 당연히 우리의 감정도 큰 영향을 받는다.

정확히 어떤 영향을 미치는지는 아직 단정 지어 말하기 힘들다. 소셜 미디어가 현대인에게 미치는 영향에 관한 연구는 아직 시작 단계이기 때문이다. 그러나 하루에 네다섯 시간 이상을 소셜 미디어에서 보내는 사람은 자신에 대한 만족도가 떨어지고 불안과 우울을 더 느낀다는 것을 여러 연구가 보여준다. 그럼에도 소셜 미디어가 미치는 정확한 영향은 연구하기가 쉽지 않다. 부분적인 이유는 소셜 미디어 기업들이 사내 연구 결과를 공개

하려 하지 않기 때문이다. 2021년 가을, 페이스북 사내 연구팀이 인스타그램(현재 페이스북 소유다) 때문에 10대 여학생 3분의 1이 자신의 외모에 대한 불만족이 강해진다고 경고했었다는 사실이 드러났다. 또 이 연구팀은 자살을 떠올린 적이 있다고 답한 10대 중 6~13퍼센트가 그런 부정적인 생각을 인스타그램 때문에 하게 됐다는 사실도 발견했다. 페이스북은 이런 경고를 무시한 것은 물론이고 대중에게 알려지지 않도록 숨기는 데 급급했다.

물론 소셜 미디어에 반응하는 방식은 사람마다 다르다. 소셜 미디어를 사용한다고 해서 '모든 사람'이 우울해지는 것은 아니라는 얘기다. 우울감을 겪을 가능성이 가장 큰 부류는 신경증적 기질을 지닌 사람(즉 부정적 자극에 특히 민감하게 반응하는 사람)이다. 또 다른 사람의 사진과 글을 보기만 할 뿐 댓글을 다는 등의 소통은 하지 않는 수동적 사용자도 마찬가지다. 어쨌든 이 점을 기억해두자. 우리는 칼로리를 갈망하고 불안에 시달리던 조상의 후손인 동시에 무리에 속하는 것이 너무나 중요했던 조상의 후손이기도 하다. 따라서 하루에 몇 시간씩 타인의 '완벽한' 삶과 자신을 비교하면, 뇌는 이를 우리의 서열이 낮아졌다는 신호로 받아들인다. 그러면 우울해질 가능성이 커진다. 그러니 자신을 그런 신호에 노출하는 시간을 적절히 제한하는 것이 좋다. 소셜 미디어 사용 시간을 줄이는 것은 불안할 때 날숨이 긴 심호흡을 하는 것과 마찬가지로 뇌를 속이는 효과적인 방법이다. 과학적으로 검증된 것은 아니지만, 하루에 최대 한 시간 이내로 제한하기를 권한다.

외로움이라는 유행병 ○

외로움이라는 유행병의 확산이 코앞에 다가왔다는 경고의 소리가 종종 들린다. 기나긴 역사의 관점에서 보면 그 경고는 일리가 있다. 인류 역사의 대부분 기간에 인간은 수십 명(또는 많아야 수백 명) 단위의 소규모 집단을 이뤄 살았다는 데 역사학자들의 의견이 대체로 일치한다. 이들은 날마다 만나고 서로 긴밀하게 접촉하며 지냈을 것이다. 오늘날에도 수렵채집 방식으로 살아가는 부족이 있는데, 이들 사회를 관찰해보면 하루에 네다섯 시간을 사냥과 채집 활동에 할애하는 공통적 패턴이 나타난다. 그리고 깨어 있는 나머지 시간은 사람들과 함께 보낸다. 이들의 삶을 과거 우리 조상들의 삶을 유추하는 창으로 삼는다면, 조상들은 우리보다 더 적게 일했고 사회적 유대관계가 더 긴밀했으며 친구와 친척을 훨씬 더 자주 만났을 것이 분명하다.

따라서 수십만 년이라는 긴 세월의 관점에서 보면 우리는 현재 더 외로워졌다고 할 수 있다. 그러나 수십 년 전과 비교해도 그런지는 정확히 말하기 힘들다. 일부 연구는 몇십 년 사이에 우리가 더 외로워졌음을 시사한다. 예를 들어 힘든 일이 생겼을 때 의지할 수 있는 가까운 친구가 몇 명이냐는 질문에 '0명'이라고 대답한 미국인 수가 최근 몇십 년 사이에 증가했다. 또 OECD(경제협력개발기구) 데이터에 따르면, 2003년에서 2015년 사이에 모든 OECD 회원국에서 외로움을 느끼는 10대의 숫자가 증가했다.

그러나 한편으론 우리가 느끼는 외로움이 몇십 년 동안 별로 달라지지 않았음을 보여주는 연구들도 있다. 게다가 외로움에 대한 기준이 변하기 때문에 각 세대를 정확히 비교하기도 쉽지 않다. 외로운 상황이란 타인을 만나지 않고 두 시간을 보내는 것인가, 이틀을 보내는 것인가? 이에 대한 정답은 존재하지 않으며, 기준을 어떻게 정하느냐에 따라 외롭다고 대답하는 사람의 숫자가 달라질 것이다. 따라서 오늘날의 스무 살 청년이 느끼는 외로움과 1960년대나 1990년대의 스무 살 청년이 느끼는 외로움은 비교하기가 매우 어렵다. 요즘은 20년 전보다 1인 가구가 크게 증가한 것은 사실이지만(이는 최근에 일어난 가장 중요한 사회 변화 중 하나다) 이를 꼭 우리가 더 외로워졌다는 의미로 해석할 수는 없다. 앞서도 말했듯 혼자 있다고 반드시 외로움을 느끼는 것은 아니기 때문이다.

다시 말해, 몇십 년의 관점에서 보면 우리가 외로움이라는 유행병을 마주하고 있는지 확실하게 말하기 힘들다. 그렇다면 이 문제를 신경 쓰지 않아도 되는 것일까? 절대 그렇지 않다. 외로움이 미치는 영향에 관한 연구가 아직 초기 단계이긴 하지만, 외로움이 정서적 고통을 불러일으키고 여러 질병의 원인이 될 수 있다는 점은 분명하다. 그리고 외로움이 과거보다 증가했는지 아닌지 정확히 알 수 없다는 사실만으로도 우리가 경계심을 늦추지 말아야 하는 이유는 충분하다. 우울증과 불안을 예방하고 싶다면 신체 활동 부족이나 수면 부족, 스트레스, 음주 문제와 마찬가지로 외로움 역시 주요 위험 인자로 다뤄야 한다.

의사이자 정신의학자인 나는 신체적·정신적 상태가 안 좋다고 느껴 병원을 찾는 이들이 외로움을 느끼고 있음을 수없이 목격했다. 그들에게는 자기 말을 경청해줄 상대, 외롭다는 기분을 덜어줄 누군가가 필요하다. 그들은 외로움이 문제의 원인일 수 있음을 잘 인식하지 못한다. 이것은 이상한 일이 아니다. 뇌는 우리의 감정 상태를 설명할 방법을 끊임없이 찾으므로, 일테면 허리나 무릎의 통증이 외로움에 따른 정서적 고통을 가시화하려는 뇌의 전략일지도 모른다. 그런 통증을 해결하는 최선의 길은 외로움을 해결하는 것이다.

요컨대 우리에게는 타인과 관계를 맺으려는 본능이 있다. 우리 안의 뿌리 깊은 사회적 욕구는, 뇌가 사람들과 함께하는 것을 곧 생존으로 인식해왔고 지금도 여전히 그렇다는 사실에서 기인한다. 물론 이번 장을 읽고 나서 부모님이나 조부모님에게 더 자주 전화를 드릴지, 주변의 외로운 누군가를 정기적으로 방문할지 또는 화상 만남을 줄이고 사람을 실제로 만나는 데 더 시간을 투자할지 어떨지는 당신에게 달린 문제다. 그렇지만 각 개인의 차원에서 그리고 사회 전체적으로 조금만 더 노력해도 많은 이들의 외로움을 줄일 수 있다. 만일 우리 모두가 주변의 외로워하는 이들 중 한 사람이라도 도우려고 노력한다면 어떨까? 그의 주관적 행복감을 높이고 우울증 발생 위험을 낮추는 것은 물론이거니와 여러 심각한 질병에 걸릴 위험을 줄이고 그런 질병의 예후를 개선할 수 있을 것이다. 우리 모두가 그렇게 노력한다면 더 많은 사람이 더 오래 살 수 있을 것이다.

6장

운동

: 부정적 마음을 해독하는
최고의 방법

운동이 어떤 메커니즘을 통해
뇌의 능력을 향상시키는지와 상관없이,
정신 건강 문제를 예방하고
해결하는 운동의 잠재력을 무시하는 것은
지구가 평평하다고 믿는 것과 다를 바 없다.

대니얼 리버먼(Daniel Lieberman), 하버드 대학교 인간진화생물학 교수

의료 서비스 제공자로서 환자를 만나는 사람이면 누구나 모종의 패턴을 목격하게 된다. 누가 좋은 결과를 얻을지 누가 그렇지 않을지 감이 온다. 물론 그런 패턴을 지나치게 일반화해서는 안 될 것이다. 어쨌거나 우연의 일치일 가능성도 있으니까. 또 사람이란 원래 자신의 편향된 생각에 들어맞는 사례만 기억하는 경향이 있으니 말이다. 하지만 나는 2010년쯤에 이런 패턴을 알아채기 시작했다. 우울증 때문에 왔지만 평소 운동을 하는 환자들은 병원에 다시 오지 않는 경향이 있었다. 더러는 한 번 정도 더 오기도 했지만, 그 뒤엔 거의 만나기 힘들었다. 그들을 보며 이런 생각이 들었다. 운동이 우울증으로 치료하는 효과를 내는 것일까?

자료를 찾아보니 놀랍게도 그 추측이 맞았다. 지난 10년간 신체 활동으로 우울증을 치료하는 방법에 관해 수많은 연구가 이뤄졌다.

그러나 가장 놀랍고도 중요한 연구는 따로 있었다. 신체 활동이 우울증을 예방할 수 있을뿐더러 우울증 발생 위험도 감소시킨다는 내용이었다.

자전거 테스트와 우울증의 관계　　　　○

최대한 빠른 속도로 6분 동안 자전거를 탄 뒤 악력계의 손잡이를 있는 힘껏 쥔다고 상상해보라. 이런 테스트로 앞으로 7년간 우울증에 걸릴 위험이 있는지 없는지를 알 수 있을까? 10년 전이라면 나는 그럴 리 없다고 생각했을 것이다. 직장을 잃거나 애인한테 차이거나 가족 중 누군가가 병에 걸리는 등 다른 원인을 찾으려 할 뿐 악력은 고려할 가치도 없다고 확신했을 것이다.

영국의 연구팀이 15만 명을 대상으로 이런 체력 및 악력 테스트를 진행했다. 이와 함께 우울증 및 불안에 관한 설문조사도 했다. 그리고 7년 후 같은 설문조사를 다시 해보니 그들 중 일부는 과거보다 정신 건강이 좋아진 반면 일부는 나빠져 있었다. 특히 일부 피험자는 상태가 많이 나빠져서 우울증 진단 기준을 충족할 정도였다. 연구팀의 분석 결과는 흥미로운 사실을 보여줬다.

그들의 정신 건강에 나타난 변화와 7년 전의 자전거 테스트 결과 사이에 연관관계가 있었던 것이다. 즉 체력이 좋은 사람은 우울증에 걸릴 위험이 더 낮았다. 구체적으로 말하면, 체력이 좋은 사람은 우울증 발생 위험이 절반으로 떨어졌고 불안장애를 겪을 가능성도 작았다. 악력 테스트 결과가 좋은 사람들 역시 우울증이나 불안 증상이 발생할 가능성이 더 작았다. 그 영향력이 심혈관계 건강의 영향력만큼 뚜렷하지는 않았지만 말이다. 따라서 체력이 좋은 사람은 우울증 발생 위험이 더 낮은 것으로 보인다.

하지만 성급한 결론을 내리기 전에 좀 더 까다롭게 따져보자. 체력이 좋은 사람은 건강하고, 흡연을 거의 하지 않으며, 술을 적게 마시고, 식생활에도 신경 쓰는 경향이 있다. 우울증 발생 위험에 차이를 만들어낸 것이 다른 생활 습관 요인일 수도 있다는 뜻이다. 연구팀은 연령, 흡연 여부, 학력, 소득 등을 고려해 결과를 다시 분석했다. 그래도 여전히 같은 패턴이 관찰됐다. 이번에는 연구 시작 시점에 우울증이나 불안을 겪고 있었던 사람들을 제외하고 다시 분석했다. 여전히 결론은 같았다.

알다시피 우울증과 '정상적인' 우울감을 정확히 구분하기는 쉽지 않으며, 그 기준을 어떻게 잡느냐에 따라 결론이 달라질 수도 있다. 그래서 연구팀은 우울증을 규정하는 기준을 여러 가지로 정하고 분석을 시행했다. 하지만 역시 같은 패턴이 드러났다. 어떤 방식으로 데이터를 분석하든 신체적으로 건강한 사람이 우울증에 걸릴 확률이 더 낮다는 결론이 나왔다. 이것은 신체 활동이 우울증 발생 위험을 낮출 수 있음을 강력하게 시사하는 여러 연구 중 하나다. 그렇다고 해도 한 건의 연구 결과만으로는 현재의 지식에 관한 통합적 관점을 얻을 수 없다. 15만 명을 참여시킨 대규모 연구라고 할지라도 마찬가지다(학계에서는 '연구 한 번은 연구를 하지 않은 것과 같다'라고 말하기도 한다). 따라서 다수의 개별적 연구를 수집해 '메타 분석'을 실행할 필요가 있다.

신체 활동이 우울증에 미치는 영향에 관해서는 철저한 연구가 이뤄졌고, 이를 바탕으로 2020년에 여러 건의 메타 분석에 대한 메타 분석 결과, 즉 '메타 메타 분석 결과'가 발표됐다. 그 내용은 신체 활동이 우울증 증상을 예방한다는 것이다. 다만 그 효과의 정도는 연구 진행 방식에 따라 차이가 났다. 최근 청소년의 정신 건강에 관한 우려스러운 보도가 계속 나오므로, 그런 결과가 10대에게도 해당하는지 궁금할 것이다. 물론 해당한다. 2020년에 발표된 메타 메타 분석 결과는 운동이 어린이와 청소년의 우울증 발생 위험을 낮추며 전반적으로 중등도의 효과를 낸다는 것을 보여줬다. 그렇다면 중장년층은? 역시 같은 패턴이 관찰됐다.

가속과 제동 기능을 동시에 지닌 페달 ○

운동이 기분에 그토록 강한 영향을 미치는 이유는 무엇일까? 앞서 살펴봤듯 장기적 스트레스는 우울증을 유발하는 위험 인자다. 신체의 가장 중요한 스트레스 대응 시스템은 HPA 축으로, 이는 수백만 년 전부터 존재했다. HPA 축은 인간을 비롯한 영장류 동물, 개, 고양이, 쥐, 도마뱀, 물고기 등 사실상 모든 척추동물에게 있다.

HPA 축은 단일한 기관이 아니라 신체와 뇌의 세 영역이 서로 긴밀하게 소통하는 체계를 일컫는다. 그중 첫 번째인 시상하부(hypothalamus, 'H')는 뇌 아래쪽에 있는 뇌하수체(pituitary gland, 'P')에 신호를 보내고, 뇌하수체는 부신(adrenal glands, 'A')에 신호를 보낸다. 그러면 부신이 신체 에너지를 끌어올리는 코르티솔이라는 호르몬을 분비한다. 예를 들어 아침에는 코르티솔 수치가 높아져 우리가 침대 밖으로 나올 수 있는 에너지를 준다. 하지만 코르티솔 분비량은 우리가 스트레스를 받아 HPA 축이 작동할 때도 증가한다. 이렇게 말하면 간단해 보이지만, 사실 HPA 축의 활동은 대단히 복잡할 뿐 아니라 스스로 브레이크를 걸 수 있는 여러 피드백 루프를 갖고 있다. 코르티솔 농도가 높아지면 시상하부와 뇌하수체의 활동이 억제된다. 그 결과 코르티솔 분비에 제동이 걸린다. 코르티솔은 신체의 '스트레스 호르몬'인 동시에 '항스트레스 호르몬'인 것이다. 이를테면 자동차의 페달 하나에 가속과 제동 기능이 동시에 있는 셈이다. 가속이 지나치면 이 자동차는 스스로 제동을 걸게 돼 있다.

정신의학 분야의 중요한 성과 중 하나는 우울증 환자에게서 종종 HPA 축의 활동이 변화한다는 사실을 발견한 일이다. 우울증에 대한 중요한 생물학적 발견이 신체와 뇌에 '동시에' 걸쳐진 HPA 축과 관련돼 있다는 사실은 의미심장하다. 대개 우울증을 겪는 사람은 HPA 축의 활동이 증가한다. 즉 코르티솔 농도가 매우 높다. 약물을 비롯한 대부분의 우울증 치료법에서는 HPA 축의 기능을 조절해 정상화한다. 이때 여러 항우울제가 이 축의 서로 다른 부분에 영향을 미친다.

약물만 HPA 축의 기능을 정상화할 수 있는 것이 아니다. 신체 활동도 그런 역할을 한다. 운동을 하면 지나치게 활성화된 HPA 축이 진정되는데, 단 오랫동안 운동을 할 때만 효과가 있다. 단기적으로 볼 때 운동, 특히 고강도 운동은 HPA 축의 활동을 높인다. 신체 활동 자체는 몸에 스트레스를 주는 요인이기 때문이다. 따라서 달리기를 하면 체내 코르티솔 농도가 올라간다. 하지만 달리기가 끝나면 코르티솔 농도는 이전보다 더 낮은 수준으로 떨어져 최대 몇 시간 동안 유지된다. 운동을 하고 나면 기분이 진정되는 것도 그 때문이다.

몇 주 동안 규칙적으로 운동을 하면 HPA 축의 활동이 서서히 줄어든다. 운동 직후뿐 아니라 평소에도 전반적으로 활동이 가라앉는다. HPA 축에 여러 제동 시스템이 있기 때문이다. 이때 특히 중요한 것이 해마와 전두엽이다. 해마는 기억을 담당하는 부위이고, 이마 안쪽에 있는 전두엽은 추상이나 분석 같은 고차원적 사고를 담당한다.

신체 활동은 해마와 전두엽의 기능을 강화한다. 실제로 운동을 하면 해마의 물리적 크기가 커지고, 전두엽에 모세혈관이 더 생겨나 산소 공급과 노폐물 제거를 촉진한다. 이런 모든 프로세스는 뇌 내부의 스트레스 제동 시스템을 강화한다. 게다가 운동은 HPA 축의 자체 제동 기능도 향상시킨다. HPA 축이 자신의 활동에 더 민감해지기 때문이다. 다시 말해 가속과 제동 기능을 동시에 가진 페달에서 제동 능력이 향상되는 것이다.

우울증을 줄이는 확실한 길 ○

우울증은 다양한 신경생물학적 프로세스가 유발할 수 있는 여러 가지 상태를 아우르는 포괄적 용어다. 과도하게 활성화된 HPA 축 이외에 체내 염증과도 관련돼 있다. 또 신경전달물질인 세로토닌·도파민·노르아드레날린의 결핍과도 관련이 있으며, 뇌의 '비료' 역할을 하는 뇌유래신경영양인자(brain-derived neurotrophic factor, BDNF)의 부족과도 관련이 있다. 그 밖에 섬엽의 활동 변화, 편도체의 활동 증가와도 관련이 있다.

상호 배타적이지 않은 이들 메커니즘이 미치는 영향은 사람마다 다르다. 사실 누군가의 우울증이 도파민 부족 탓인지, 과도하게 활성화된 편도체 탓인지, 체내 염증이 많아서인지 정확히 말하기는 힘들다. 하지만 운동에 관한 한 그 답은 별로 중요하지 않다. 우울증을 일으킨 원인이 무엇이든 대개 운동은 그 원인의 반대 상태를 만들어주기 때문이다!

운동은 도파민, 세로토닌, 노르아드레날린, BDNF의 양을 증가시킨다. 장기적인 운동은 항염증 효과를 낸다. 몸을 움직이려면 에너지가 필요한데, 몸이 그 에너지의 일부를 면역체계에서 끌어다 사용하므로 면역체계의 활동이 줄어들기 때문이다. 이는 얼핏 들으면 나쁠 것 같지만, 만성 염증은 종종 면역체계의 과도한 활동이 유발하므로 이 경우에는 나쁜 것이 아니라 바람직한 현상이다. 또 운동은 해마의 신경세포 형성을 촉진하고 HPA 축의 기능을 정상화한다.

이쯤이면 내가 무슨 말을 하고 싶어 하는지 눈치챘을 것이다. 생물학적 관점에서 볼 때, 우울증과 완전히 반대 방향으로 가는 방법으로 운동보다 더 효과적인 것은 없다. 아울러 느낌이 형성되는 원리를 생각해봐도 운동의 항우울 효과는 자명해진다. 앞서 설명했듯, 느낌은 섬엽이 몸 내부에서 오는 정보와 외부에서 오는 감각 인상을 결합함으로써 만들어진다. 즉 뇌는 내부 신호와 외부 신호를 모두 재료로 사용해 우리의 감정 상태를 만들어 낸다.

운동은 신체의 모든 기관과 조직을 강화한다. 운동을 하면 혈압·혈당·지질단백질 수치가 안정되고, 폐의 최대 산소 섭취량이 증가하며, 심장과 간의 기능도 향상된다. 그러면 뇌가 다른(즉 더 좋은) 신호를 받아서 느낌을 형성하고, 불편한 기분이 아니라 즐거운 기분을 느낄 가능성이 커진다. 요컨대 운동은 우울증을 피하게 해주는 가장 강력한 묘책이라고 해도 과언이 아니다.

원인과 결과 ○

하지만 이와 같은 신경생물학적 메커니즘을 잠시 접어두고 다시 의심의 눈초리를 던져보자.

뉴욕과 시카고 두 곳 모두에서 아이스크림 판매량이 올라가는 시기에 살인 사건이 증가한다. 그렇다면 아이스크림이 사람들을 더 공격적이고 잔인하게 만드는 것일까? 따라서 살인 사건이 증가하는 것은 아이스크림 제조사 탓일까?

전혀 그렇지 않다. 더 타당한 설명은 이것이다. 사람들은 더울 때 아이스크림을 더 많이 먹는다. 또 더울 때 야외 활동이 늘어나고 알코올을 더 많이 섭취한다. 과음한 상태로 밖을 돌아다니는 사람이 많아지면 폭력 상황이 발생할 가능성이 커진다. 결과적으로 날씨는 아이스크림 소비량과 살인 사건 증가에 모두 영향을 미치지만, 아이스크림과 살인은 서로 인과관계가 전혀 없다.

그렇다면 우울증 발생 위험과 신체 운동량에 동시에 영향을 미치는 무언가가 없다고 어떻게 확신할 수 있을까? 어쩌면 아이스크림 판매량과 살인 사건처럼 운동과 낮은 우울증 발생 위험 역시 서로 관계가 없을지도 모르는 일 아닌가.

운동이 정말로 우울증을 막아주는지 살펴볼 때 마주치는 또 다른 문제도 있다. 이런 주제를 연구할 때는 다음과 같은 방식으로 실험을 설계하곤 한다. 한 피험자 그룹은 심혈관계를 강화하는 운동을 하고, 다른 그룹은 심박수를 올리지 않는 활동(예컨대 스트레칭)을 하게 한다. 각각 몇 달 동안 정기적으로 운동 또는 스트레칭을 하게 한 뒤, 두 그룹의 기분에 변화가 있는지 살펴본다. 의약품을 개발할 때도 이런 방법을 사용한다. 즉 한 그룹은 진짜 약을, 다른 그룹은 가짜 약을 복용하게 한다. 문제는 운동이 정신에 미치는 효과를 측정할 때 사실상 가짜 약의 역할을 할 만한 것이 없다는 점이다. 어쨌든 운동을 하라고 지시받은 사람은 자신이 '운동을 하고 있다'는 사실을 뻔히 아는 상태이고, 따라서 기분이 좋아져야 마땅하다고 생각할 수 있다. 심지어 내가 앞서 소개한 연구 결과 중 하나를 읽은 적이 있을지도 모른다. 그렇다면 운동 효과가 전형적인 플라세보 효과가 아님을, 즉 피험자들이 자신의 기분이 마땅히 좋아져야 한다고 생각해서 그렇게 대답하는 것이 아님을 어떻게 장담할 수 있을까?

또 다른 문제도 있다. 우연이나 운이 아닌 정확한 결론을 내리려면 우울증이 발현될 만큼 충분한 시간이 흐르도록 몇 년에 걸처 수많은 사람을 관찰해야 한다.

미국의 한 연구팀은 이런 모든 문제와 오류 가능성을 해결하기 위해 유전학으로 눈을 돌렸다. 우울증 발생 위험에는 유전적 요인이 40퍼센트 정도의 영향을 미친다. 또 개인이 운동을 하는 양도 어느 정도 유전자의 영향을 받는다. 어떤 사람은 다른 사람보다 선천적으로 운동을 더 좋아한다는 얘기다. 만일 신체 활동을 많이 할 가능성이 큰 유전자를 가진 사람이 우울증에 잘 걸리지 않는다면, 이는 운동이 우울증을 막아준다는 신호가 될 수 있다. 유전자 분석 결과와 운동 데이터, 심리 검사 결과를 종합하면 흥미로운 결과를 얻을 가능성이 있다. 예를 들어 우울증과 관련된 다수의 유전적 위험 인자를 가졌으면서 규칙적인 운동을 하는 사람들에게 통계적 추정치와 일치하는 수준의 우울증이 나타나는지 아닌지 살펴볼 수 있다.

이 방법은 꽤 복잡하게 느껴지는데 실제로도 그렇다. 이것은 멘델 무작위 분석법(Mendelian randomization)으로, 통계적 연관관계(아이스크림과 살인 사건)와 실제 인과관계(알코올과 살인 사건)를 구별해내는 한 방법이다. 멘델 무작위 분석법에는 대규모 피험자 집단이 필요하므로 연구팀은 20만 명 이상을 대상으로 데이터를 수집했다.

하지만 또 다른 문제가 있었다. 설문조사에서 운동을 얼마나 하느냐고 물으면 사람들은 실제보다 부풀려 대답하는 경향이 있다는 것이다. 그래서 연구팀은 객관적 데이터를 얻고자 걸음 수를 재는 기구인 계보기를 활용했다.

운동이 우울증 위험을 줄이는지, 아니면 운동 효과가 플라세보 효과에 불과한지 마침내 확실한 답을 얻을 기회였다. 2019년 초 신뢰도 높은 정신의학 저널에 연구 결과가 발표됐다. 신체 활동은 우울증을 예방해주며 운동 효과는 플라세보 효과가 '아니라는' 내용이었다. 예를 들어 매일 15분 앉아 있는 대신 15분 달리기를 하면 우울증 발생 가능성이 26퍼센트 감소한다. 한 시간 걷는 것도 같은 효과가 있다. 따라서 달리기 같은 심혈관계 강화 운동은 걷기에 비해 약 네 배의 효과가 있다고 할 수 있다. 어쨌든 15분 이상 뛰거나 한 시간 이상 걸으면 우울증 예방 효과도 증가한다.

이 연구도 상당히 정교하고 과학적인 방법이었지만, 연구팀은 더 정확히 확인하기 위해 유전적으로 우울증 고위험군인 사람들을 대상으로 후속 연구를 진행했다. 이들을 2년 동안 추적 관찰한 결과 일부는 실제로 우울증에 걸렸다. 그러나 규칙적인 운동을 한 사람에게서는 우울증이 덜 나타났다. 운동을 한 사람 중에도 우울증에 걸린 이들이 있긴 했지만 그 수가 훨씬 적었다. 연구팀은 연구 결과를 다음과 같이 분명하게 요약했다.

우리의 연구는 우울증 발병에서 유전자가 모든 것을 결정하는 것이 아님을, 그리고 운동이 유전적으로 취약한 개인의 높은 우울증 발현 위험을 상쇄하는 힘을 지녔음을 강력하게 시사한다.

이 모든 사실을 종합해보건대 운동에는 우울증을 치료하고 예방하는 확실한 효과가 있다.

그러나 우울증 위험이 줄어든다고 해서 발생 가능성이 '0'이라는 의미는 아니다. 말 그대로 '줄어드는' 것일 뿐 위험성이 완전히 사라지지는 않는다는 얘기다. 또 우울증을 앓는 사람을 운동을 하지 않는다고 비난해야 한다는 의미도 아니다.

걸보기는 피험자가 시장에 다녀왔는지, 집 앞의 잔디를 깎았는지 또는 마라톤 훈련을 했는지 구분하지 못한다는 점 또한 중요하다. 가장 중요한 것은 움직이는 행위 자체. 물론 심혈관계 운동이 약 네 배 더 효과적이기는 하지만, 결국 우울증으로부터 우리를 지키는 데 도움이 되는 것은 언제 어디서 어떻게 움직였는지가 아니라 '걸음의 수'다. 따라서 정신 건강을 향상시키려면 운동의 정의를 헬스장이나 축구 경기장, 육상 경기 트랙에서 하는 활동에 한정하지 않고 더 넓게 확장해야 한다.

얼마나 많은 우울증을 예방할 수 있을까? ○

신체 활동은 우울증을 막아주는 정신적 쿠션을 제공한다. 하지만 안타깝게도 이 쿠션이 점점 얇아지고 있다. 서구 사회에서 사람들은 하루에 평균 5,000~6,000걸음을 걷는다. 오늘날 여전히 수렵채집 활동을 하는 부족들에 대한 연구와 6,000~7,000년 전의 유골을 분석한 결과를 종합해보면, 우리 조상들은 하루에 1만 5,000~1만 8,000걸음을 걸었음을 알 수 있다. 우리의 신체와 뇌는 그만큼 걸을 때 최적의 기능을 발휘하게 만들어졌을 가능성이 크다. 오늘날 우리의 걸음 수는 인류 역사의 대부분 기간에 사람들이 걸은 숫자의 3분의 1에 불과하다.

걸음 수는 기나긴 역사의 관점에서뿐 아니라 단기간을 놓고 봤을 때도 줄어들었다. 스웨덴에서는 체력이 낮아 건강 문제를 겪을 위험이 있는 인구 비율이 1990년대 중반 이래 27퍼센트에서 46퍼센트로 증가했다. 이때 건강 문제를 겪을 위험을 판단하는 기준은 '쉬지 않고 10분 이상 빠르게 걷기가 힘든 것'이다. 11~17세 청소년 중 남학생 22퍼센트와 여학생 15퍼센트만이 WHO에서 권장하는 하루 신체 활동량을 채운다. 현대인의 운동량은 그야말로 형편없는 수준이다. 운동의 효과를 고려하면 우리는 우울증을 막아주는 중요한 방패 하나와 점점 멀어지고 있는 셈이다.

그렇다면 궁금해진다. 운동량을 늘리면 얼마나 많은 우울증을 예방할 수 있을까? 영국의 연구팀이 3만 4,000명을 11년 동안 추적 관찰한 데이터를 이용해 이 문제를 파고들었다. 우울증에는 다양한 요인이 영향을 미칠 수 있으므로 개별 요인의 영향을 따로 떼어 분석하기는 쉽지 않다. 따라서 이 연구 결과는 정확한 수치라기보다는 대략적 추정치로 봐야 한다.

연구팀은 '일주일에 한 시간만' 운동을 해도 우울증을 12퍼센트 예방할 수 있다는 결론을 내렸다. 어린이와 청소년 역시 비교적 강도가 높지 않은 운동으로 효과를 볼 수 있는 듯하다. 연구팀은 계보기를 이용해 12~16세 청소년 약 4,000명의 신체 활동을 추적했으며, 그렇게 몇 년이 지난 후 이들에게 우울증에 관한 설문조사를 했다. 그 결과 일주일 동안의 신체 활동이 한 시간 증가할 때마다 18세에 우울증 증상 지수가 10퍼센트 감소하는 것으로 드러났다.

불안과 신체 활동 ○

이제 불안으로 눈을 돌려보자. 앞서 말했듯 불안은 말하자면 '선제적 스트레스'다. 불안과 스트레스는 본질적으로 같은 반응을 일으킨다. 즉 HPA 축을 활성화한다. 차이가 있다면 스트레스는 '실제적' 위협과, 불안은 '잠재적' 위협과 관련된다는 점이다. HPA 축은 스트레스와 불안 상황에서 활성화되고 운동을 통해 안정시킬 수 있으므로, 이론상으로 신체 활동이 불안을 줄여줘야 옳다. 정말 그럴까?

2019년 다수의 연구에 대한 메타 분석이 실시됐다. 이들 연구에서는 다양한 유형의 불안장애를 겪는 피험자들이 운동을 하거나 그 밖의 치료를 받았다. 분석 결과, 어린이와 성인 모두 심혈관계 강화 운동이 불안을 줄여주는 것으로 드러났다. 특히 외상 후 스트레스에서 효과가 컸다. 2020년에 발표된 또 다른 메타 분석에서는 18건의 연구를 검토했는데, 신체 활동이 불안을 예방하며 운동의 종류보다는 운동을 한다는 사실 자체가 더 중요함이 밝혀졌다. 즉 수영, 걷기, 러닝머신, 실내 자전거, 실내에서 하는 심혈관계 강화 운동 등이 모두 불안을 다스리는 데 효과가 있었다.

수많은 개별 연구와 메타 분석 결과가 운동을 하는 사람이 불안을 덜 겪는다는 사실을 보여준다. 중요한 것은 '어떤 운동을' 하느냐가 아니라 '운동을 하느냐 아니냐'다. 공황장애를 겪는 사람이 정기적으로 운동을 하면 공황발작을 덜 경험하며, 발작이 일어나더라도 강도가 덜하다. 사회공포증을 겪는 사람 역시 남들 앞에 나서야 하는 상황에서 두려움을 덜 느끼게 된다. 또 PTSD를 겪는 사람은 플래시백으로 인한 극심한 불안이 줄어든다.

상담이나 약물 복용 같은 치료법과 마찬가지로, 운동으로 모두가 긍정적 효과를 경험하는 것은 아니다. 어떤 사람은 확연히 눈에 띄는 효과를 얻지만, 어떤 사람은 별로 큰 효과를 보지 못한다. 하지만 우울증의 경우처럼 불안에도 운동이 '평균적으로는' 분명히 효과가 있다.

운동으로 불안을 다스릴 때 기억할 것이 있다. 심박수를 증가시키는 것이 중요하다는 점이다. 우리 신체는 심박수 증가가 엄청난 위험에 직면했다는 신호가 아니며 오히려 심박수가 증가한 뒤에 코르티솔 수치가 낮아지고 엔도르핀 분비와 행복감이 높아진다는 사실을 서서히 습득한다. 그러면 뇌와 신체가 신호를 잘못 해석하여 공황발작이 촉발되는 악순환을 막을 수 있다. 그러므로 체력이 안 좋고 공황장애나 그 밖의 심각한 불안을 겪는 사람은 운동량을 조금씩 천천히 늘려야 한다. 처음 한두 달은 빠르게 걷기부터 시작한다. 그런 뒤 한동안 천천히 뛰어보고 속도를 서서히 높인다. 체력이 낮은 사람이 갑자기 강도 높은 운동을 하면 뇌가 증가한 심박수를 위험 신호로 잘못 해석할 수 있고, 최악의 경우 불안발작을 초래할 수 있다. 하지만 운동 강도를 서서히 높이면 불안이 완화된다. 물론 하루아침에 그렇게 되는 것은 아니며 몇 달 정도 꾸준히 해야 한다.

운동은 모든 종류의 불안에 효과가 있다 ○

불안장애를 겪는 환자에게 운동을 처방하면, 대부분이 의아한

표정으로 "운동을 하라고요?"라고 반응한다. 어떻게 운동이 일상생활이나 직장에서 기인한 또는 아픈 가족 때문에 겪는 스트레스와 불안을 없앨 수 있단 말인가? 심지어 때로는 원인도 모르는 불안을 말이다.

우리가 신체 활동을 하면 불안이 가라앉도록 진화한 이유를 100퍼센트 확실히 말하기는 힘들다. 하지만 이렇게 생각해보자. HPA 축의 역할은 위협을 만났을 때(스트레스) 또는 뇌가 위협이 될 만한 무언가를 예상할 때(불안) 몸의 에너지를 끌어올리는 것이다. 수백만 년 동안 우리 조상들에게 가장 커다란 위협은 무엇이었을까? 어떤 위협을 받을 때 HPA 축이 몸의 에너지를 끌어올렸을까? 각종 청구서나 마감일이 주는 심리사회적 스트레스도, 여러 일을 동시에 처리해야 하는 스트레스도 아니었다. HPA 축은 맹수와 사고, 감염이라는 위협에 대응하도록 발달했을 가능성이 크다.

당연한 얘기지만, 체력이 좋은 사람일수록 맹수를 피해 도망치거나 싸움 상대를 물리치거나 감염에서 회복될 확률이 더 높다. 그들의 HPA 축은 위험 요인을 만날 때마다 최고조로 작동할 필요가 없다. 그들은 실제적 또는 잠재적 위협 앞에서 패닉에 빠질 필요도 없다. 스트레스 대응 시스템, 즉 HPA 축이 낮은 기어로 작동해도 위험에서 도망칠 수 있기 때문이다.

오늘날 우리의 뇌는 일상의 심리사회적 스트레스에 대응할 때, 오랜 세월 인류가 생존 위협 요인들에 대응할 때 사용한 것과 같은 시스템을 사용한다. 맹수나 감염으로부터 조상들을 보호해준 좋은 체력은 그들의 스트레스 대응 시스템을 진정시키는 역할도 했다. 그 시절 이후 인간이 생물학적으로 거의 변하지 않았다는 사실을 고려할 때, 좋은 체력은 여전히 우리의 HPA 축을 진정시킬 수 있다. 따라서 현대의 스트레스와 불안을 관리하는 데에도 도움이 된다. 요컨대 운동은 우리 몸이 스트레스에 너무 강하게 반응하지 않게 해준다. 스트레스의 원인이 무엇이든 상관없이 말이다.

그렇다면 운동 후 HPA 축이 진정됐다는 걸 어떻게 알 수 있을까? 축구를 하고 나면 머릿속에 이런 메시지가 도착할까? "축하해요, 안데르스! 당신은 운동을 했으므로 코르티솔 수치가 정상으로 돌아왔습니다. 체력이 좋아졌으므로 사자를 만나도 도망치는 데 문제가 없을 거예요." 물론 아니다. 대신 특정한 '느낌'을 경험하게 된다. 즉 차분하고 덜 불안하다는 느낌, 그리고 자신의 능력에 대한 확신이 커졌다는 느낌을 경험한다. 신체 활동의 효과에 관한 매우 중요한 심리학적 발견 하나는 신체 활동이 자기효능감(self-efficacy)을 높인다는 것이다. 자기효능감이란 '주어진 과제를 해낼 수 있는 자신의 능력에 대한 믿음'이다.

만병통치약은 없다

운동은 만병통치약이 아니다. 만병통치약이란 희망 사항일 뿐이다. 항우울제는 우울증 환자의 3분의 1에서 좋은 효과를 내고, 3분의 1에서는 적당한 효과를 내며, 나머지 3분의 1에서는 아무 효과가 없다. 인지 행동 치료를 받은 환자의 약 절반은 좋은 결과를 얻지만, 나머지 절반은 미미한 효과를 얻는 데 그친다. 마찬가지로 운동도 개인마다 결과가 다르다. 어떤 사람은 탁월한 효과를 경험하지만 어떤 사람에겐 별로 효과가 없다. 하지만 평균적으로는 좋은 효과를 낸다. 우울증이 심하거나 탈진 증상이 동반되는 경우라면 당연히 강도 높은 운동을 하기가 불가능하다. 이때는 신체에 휴식과 회복이 필요하다. 전문적 치료와 약물 복용이 필요할 수도 있다.

최소한 얼마만큼의 운동이 필요할까?

우울증 예방을 위해 운동을 '얼마나 많이' 해야 하는지가 아니라 '최소한 얼마만큼' 해야 하는지 알아둘 필요가 있다. 답은 이것이다. 일주일에 빠르게 걷기를 한 시간만 해도 어느 정도 효과가 있음이 입증됐다. 또 다른 흥미로운 연구 결과도 있다. 어린이든 성인이든, 운동을 전혀 안 하다가 조금이라도 하기 시작한 사람들이 가장 큰 차이를 경험한다. 예를 들어 자전거를 타고 출근하거나 학교까지 걸어 다니기 시작하는 경우가 그렇다. 물론 그보다 더 많이 움직이면 더 큰 효과가 난다.

그렇다면 최대한의 효과를 얻으려면 얼마만큼의 운동량이 필요할까? 여러 연구에 따르면 심혈관계 강화 운동을 일주일에 두 시간에서 여섯 시간 하는 것이 최적이다. 이는 꽤 넓은 시간 범위인데, 대부분의 연구는 여섯 시간보다는 두 시간에 가까운 숫자를 권고한다. 운동 시간이 일주일에 여섯 시간을 넘으면 추가적인 예방 효과는 없는 것으로 보인다.

운동은 자신감을 키워준다 ○

스웨덴 예테보리 중심부에서 서쪽으로 15분쯤 차를 타고 가면 약 600명의 학생이 다니는 예테스텐스콜란이라는 초중등학교 가 있다. 2010년대 초반 이 학교에서 모든 과목의 합격점을 받고 의무교육 과정을 수료하는 학생은 세 명 중 한 명꼴이었다. 이런 추세를 반전시키고자 교장 로타 레칸데르(Lotta Lekander)와 요나스 포르스베리(Jonas Forsberg)는 운동에 관한 연구 결과를 직접 실천했다. 원래 이 학교에는 일주일에 두 번 체육 수업이 있었는데, 그들은 아이들에게 매일 운동을 시켜보기로 했다. 그래서 체육 수업이 없는 나머지 3일에도 체육관에서 30분씩 신체 활동을 하는 시간을 마련했다. 학생들은 여기에 의무적으로 참여해야 했다. 다른 과목의 수업에 지장을 주지 않도록, 이 30분 운동은 원래 학업 시간표 이외의 시간대에 했다. 또 아이들이 성적과 관련된 스트레스를 받지 않도록 체육 교사가 지도하지 않았으며, 아이들은 다양한 운동 중 원하는 것을 선택했다. 중요한 것은 최대 심박수의 65~70퍼센트 수준으로 운동을 30분 동안 하는 것이었다. 서로 경쟁도 하지 않았고 좋은 기록을 낼 필요도 없었지만, 심박수는 높여야 했다. 결과가 어땠을까? 2년 뒤 모든 과목의 합격점을 받고 졸업하는 학생 수가 거의 두 배로 늘어났다.

이 이야기를 처음 들었을 때 선뜻 믿기지 않았다. 하지만 이 사례를 살펴보던 중 학교 측에서 운동 시간을 늘린 것 이외에 다른 여러 변화도 추진했다는 것을 알게 됐다. 일례로 새로운 교직원을 채용해 아이들의 능력과 욕구를 이전보다 더 체계적으로 평가했다. 나는 운동이 그 결과에 어떤 영향을 미쳤을지 궁금해졌다. 그래서 TV 과학 프로그램 〈당신의 뇌〉를 촬영할 때 이 학교를 방문했다.

교장 레칸데르와 포르스베리가 따듯하게 맞아줬다. 그들은 운동의 효과를 정확한 수치로 제시할 수는 없지만(그들의 목적은 실제로 변화를 만들어내는 것이지 학문적 연구를 수행하는 것은 아니었으니까), '심박수 늘리기 활동'이 학생들을 긍정적으로 변화시킨 가장 중요한 요인인 것은 확실하다고 말했다. 흥미롭게도 그들이 강조한 것은 운동이 성적에 미친 영향이 아니었다. 학생들의 정서 상태가 훨씬 더 좋아졌다는 점을 강조했다. 스트레스와 불안이 줄어들고 자신감도 커졌다는 것이다.

이런 결과는 칠레의 연구팀에서도 확인됐다. 칠레에서는 당뇨병과 심혈관 질환처럼 생활 습관에서 오는 병이 단기간에 우려스러울 만큼 증가했다. 그래서 연구팀은 생활 습관 변화를 통해 이런 추세를 변화시킬 수 있을지 알아보기로 했다. 먼저 빈곤층 어린이와 청소년이 달리기나 야구, 배구, 에어로빅, 축구에 참여할 수 있는 프로그램을 만들었다. 그리고 아이들이 경쟁하는 것이 아니라 즐길 수 있는 운동 종류를 찾게 했다. 10주간의 프로그램이 끝난 뒤 분석해보니, 운동이 건강을 크게 향상시켰음이 드러났다. 또 다른 변화도 있었다. 아이들이 더 차분해지고 불안감이 줄었으며 자존감도 향상된 것이다. 운동은 자기효능감을 증진하며, 특히 어린아이의 경우 효과가 더 크다. 운동 능력에 대한 자신감이 커지는 것은 물론이고 이론 교과목에서도 자신감이 붙었다.

이를 뒷받침하는 여러 데이터 중 하나인 스웨덴 공중보건국의 설문조사 결과에 따르면, 신체 활동량이 많은 아이일수록 삶의 만족도가 더 높고 스트레스를 덜 느낀다.

굶주림을 피하려는 뇌　　　　　○

이쯤에서 의문이 하나 생긴다. 신체 활동이 자신감과 삶의 만족도를 높여준다면, 우울증을 막아주고 불안과 스트레스와 염증을 감소시킨다면, 그리고 무엇보다 신체의 모든 장기를 튼튼하게 만들어준다면, 왜 자연은 우리에게 달리기 트랙을 외면하고 넷플릭스를 선택하고 싶어 하는 충동을 심어놓았을까? 어째서 뇌는 자신에게 명백히 좋은 행동을 거부할까?

이 역설을 이해하려면 두 가지를 기억해야 한다. 첫째, 뇌의 가장 중요한 목적은 생존이다. 둘째, 인류 역사의 대부분 기간에 굶주림은 우리의 생존에 커다란 위협 요인이었다. 칼로리는 자주 누리기 힘든 호사였으므로 눈앞의 음식을 어떻게든 놓치지 않는 것이 중요했다.

오늘날에는 많은 사람이 칼로리를 언제든 원하는 만큼 얻을 수 있다. 냉장고만 열면 또는 슈퍼마켓에만 가면 음식이 넘쳐난다. 하지만 진화는 매우 느리게 진행되기 때문에(수십 년이 아니라 수천 년의 관점으로 봐야 한다) 우리의 뇌는 그런 세상에 아직 적응하지 못했다. 사바나 초원에서 뇌는 이렇게 외쳤을 것이다. "아, 배고파. 어디 먹을 것 좀 없나?" 그런데 뇌는 우리가 슈퍼마켓에 있을 때도 그렇게 외친다. 단것이 잔뜩 진열된 통로에 섰을 때 우리 뇌는 조상들이 사바나에서 운 좋게 과일이 주렁주렁 달린 커다란 나무를 발견했을 때와 똑같이 반응한다. "대박! 당장 다 먹어치워!" 역사적으로 우리는 충분한 칼로리를 누려본 적이 없기 때문에 칼로리에 대한 갈망을 제어하는 '정지' 버튼을 갖추고 있지 않다. 이런 끊임없는 갈망(아사 위험에 끊임없이 노출된, 칼로리가 부족한 세상에서 수백만 년에 걸쳐 형성된 갈망)이 칼로리가 넘쳐나는 세상을 만났을 때의 결과는 예상하기 어렵지 않다. 우리는 먹고, 먹고, 또 먹는다. 끝없이 음식을 소비한다. 이렇게 보면 오늘날 많은 이들이 비만과 제2형 당뇨병을 겪는 것도 놀랍지 않다.

한때 인간에게 생존 기제였던 것이 이제는 함정이 됐다. 얻을 수 있는 칼로리의 양에 제한이 없어졌기 때문이다.

신체가 사용할 수 있는 에너지의 양은 '음식을 얼마나 먹느냐'와도 관련되지만 '에너지를 얼마나 소비하느냐'와도 관련된다. 그리고 알다시피 운동은 에너지를 소모한다. 이 때문에 우리가 기본적으로 게으른 것이다. 뇌는 우리가 눈앞의 칼로리를 모조리 먹어치우기를 원하는 동시에 우리가 소파에 앉아 있는 것도 원한다. 불필요한 칼로리를 태워버리지 않기를 바라는 것이다. 비만인 사람은 그렇지 않은 사람보다 여분의 에너지가 많을 것이다. 그렇다면 왜 뇌는 그런 사람도 소파에서 쉬고 싶게 할까? 그것은 역사의 오랜 세월 동안 인간이 비만이었던 적이 없기 때문이다. 뚱뚱한 왕과 왕비는 있었겠지만 그들은 아주 극소수의 예외에 속했다.

인류가 지구상에 존재한 99.9퍼센트의 기간에 우리는 음식이 부족할 때 에너지원으로 사용할 뚱뚱한 뱃살을 갖고 사는 호사를 누려본 적이 없다. 따라서 신체와 뇌는 이렇게 말해주는 방어기제를 발달시키지 못했다. "너는 지금 필요 이상의 에너지를 확보했어. 그러니 30년 후에 심근경색을 겪지 않으려면 밖에 나가서 뛰어!" 역사적으로 인간은 과체중을 경험한 적이 없다. 게다가 대다수는 일반적으로 심근경색이 오는 나이까지 살아 있지도 못했다.

　오늘날 과체중과 비만은 우리의 건강에 심각한 문제를 일으키는 반면, 대다수 국가에서 굶어 죽는 사람은 거의 없다. 하지만 인류 역사 대부분의 기간에는 그 반대였다. 즉 과체중이라는 문제는 존재하지 않았고, 굶어 죽을 위험이 매우 커다란 문제였다. 그 결과 진화의 논리는 굶주림과 싸우기 위한 수많은 방어 메커니즘을 발달시켰다. 우리는 살이 빠지기 시작하면 배고픔을 더 느낀다. 그리고 기초대사량(신체의 생명 유지에 필요한 최소한의 에너지양)이 낮아지고 장 내의 영양 흡수율이 증가한다. 이런 모든 메커니즘에는 같은 목적이 있다. 신체가 자신의 몸무게를 유지하려고 애쓰는 것이다. 과체중이든 아니든, 우리 몸은 살이 빠지는 것을 굶어 죽을 위험이 닥친 것으로 느끼기 때문이다. 이런 메커니즘이 우리 조상들에게는 아사를 피하는 데 도움이 됐지만, 오늘날에는 다이어트를 하는 이들에게 상당한 방해물이 된다.

　우리는 아사 위험을 피하기 위해 칼로리 높은 음식을 갈망하도록 진화한 것처럼, 소중한 칼로리를 되도록 아끼기 위해 앉아서 쉬는 것을 추구하도록 진화했다. 한마디로 우리는 '게으를 수밖에 없는' 존재다. 우리가 땀을 뻘뻘 흘리며 달리기를 하고 원래 있던 자리로 돌아오거나 무거운 물건을 들어 올렸다가 다시 내려놓는 모습을 조상들이 본다면 제정신이 아니라고 생각할 것이다. 그들에게는 조깅이나 아령 운동처럼 비생산적인 행동을 하느라 에너지를 자발적으로 날려버리는 것이 음식을 그냥 버리는 것만큼이나 바보 같은 짓으로 보일 것이다.

> **우리는 '게으를 수밖에 없는' 존재다. 우리가 땀을 뻘뻘 흘리며 달리기를 하고 원래 있던 자리로 돌아오는 모습을 조상들이 본다면 제정신이 아니라고 생각할 것이다.**

과거의 조상들에게 '운동'이 바보 같은 짓으로 여겨졌으리라는 단서는 오늘날 여전히 수렵채집인으로 살아가는 부족에게서도 볼 수 있다. 이들이 하루에 걷는 1만 5,000~1만 8,000걸음 중 대부분은 구체적인 목적이 있다. 우리의 추측과 달리 이들은 바쁘게 돌아다니며 생활하지 않는다. 실제로 하루의 대부분을 함께 앉아서 보내며, 수렵채집 활동은 네다섯 시간 정도만 할 뿐이다. 그러니 당신과 내가 운동화를 챙겨 신고 밖으로 나가는 대신 소파에 드러눕기를 좋아하는 것은 지극히 자연스러운 일이다.

진화의 논리를 영리하게 이용하자   ○

최근 발표된 다양한 연구 결과는 뜻밖의 사실을 알려준다. 신체 활동이 기분뿐 아니라 정신 능력도 향상시킨다는 것이다. 한 연구팀이 학생들에게 헤드폰으로 일련의 단어를 들려줬다. 이때 한 그룹은 걸으면서 단어를 들었고 다른 그룹은 의자에 앉아서 들었다. 48시간 후 테스트를 해보니 걸으면서 들은 그룹이 단어를 20퍼센트 더 많이 기억했다. 또 다른 여러 연구에서는 신체 활동이 집중력과 창의성을 높여주는 것으로 드러났다. 피험자들이 운동을 한 후에 브레인스토밍 능력이 50퍼센트 이상 향상된 것이다.

나는 이런 결과를 처음 접했을 때 무척 놀랐다. '뇌 훈련'이라고 하면 스도쿠나 십자말풀이, 퍼즐 앱이 떠오르기 때문이다. 어떻게 신체 활동이 기억력과 집중력, 창의력 같은 정신 능력에 그런 인지 도구보다 더 큰 영향을 미치는 것일까?

한 가지 가능한 설명은 이것이다. 뇌는 신체에서 가장 많은 에너지를 소모하는 기관이며, 다른 기관과 마찬가지로 에너지를 최대한 효율적으로 사용하도록 진화했다. 즉 필요성이 있을 때 작동한다. 인류 역사의 대부분 기간에 인간에게 정신적 능력이 가장 많이 필요한 순간은 움직일 때였다. 몸을 움직여 활동하면서 새로운 환경을 파악하고, 기억해야 할 감각 인상을 획득했다. 사냥을 할 때면 최고조의 집중력과 문제 해결 능력이 필요했다. 사냥뿐 아니라 채집 활동을 할 때도 정신적 능력이 상당히 요구됐다. 이곳저곳을 돌아다니며 먹을 것을 찾는 동시에 주변에 위험이 없는지 계속 경계하면서 위급 상황이 닥칠 때 도망칠 경로까지 생각해야 했기 때문이다. 사소한 실수로도 목숨이 위태로워질 수 있고, 먹을 것을 찾지 못하면 몇 주 안에 굶어 죽을 수도 있었다. 이 모든 것을 고려하면 신체 활동을 할 때 정신 능력이 최고 상태를 유지해야 했다.

만일 뇌가 진화해온 환경이 현재 같은 세계였다면 우리는 컴퓨터 앞에서 정신 능력을 최고로 발휘할 것이다. 하지만 컴퓨터가 생긴 것은 불과 몇십 년밖에 안 됐고 이는 뇌가 적응하기에는 너무 짧은 시간이다. 따라서 우리는 사냥이나 채집 같은 신체 활동이 정신 능력을 적극적으로 발휘하게 한다는 사실에서 진화의 논리를 영리하게 이용할 팁을 얻을 수 있다. 빠른 속도로 걷거나 러닝머신 위에서 뜀으로써 뇌를 속여 정신 능력을 키우는 것이다. 얼마나 오래 달리거나 걸을 수 있느냐가 관건이겠지만 말이다.

수만 세대에 걸쳐 형성된 생물학적 힘은 나를 소파에 붙어 있게 한다. 하지만 그 똑같은 생물학적 힘이 내가 몸을 움직이면 뇌의 기분과 작업 능력이 향상되게도 만들어놓았다. 나는 이 두 가지 사실을 모두 알고 있으므로, 운동이 지독하게 하기 싫을 때면 소파를 선호하는 내 유전자가 주도권을 쥐게 놔두지 않겠다고 다짐한다. 내가 지휘권을 잡아야 한다! 이런 생각을 함으로써 매번 운동화를 신고 나가는 데 성공한다고 하면 거짓말이겠지만, 때로는 분명히 효과가 있다.

조금이라도 움직여라

인간은 똑똑한(그러나 꼭 현명하지만은 않은) 뇌 덕분에 생존과 관계없는 불필요한 운동을 하지 않았다. 이런 전략은 과거 오랜 세월 동안 훌륭하게 작동했지만 현대 사회에서는 죽음의 덫이 되고 말았다. WHO의 추산에 따르면 해마다 500만 명이 충분한 운동을 하지 않아서 일찍 사망한다. 이 계산대로라면 2020년에 앉아서 지내는 생활 습관 때문에 죽은 사람의 수가 코로나19 관련 사망자 수와 비슷했다는 얘기가 된다.

현대 사회는 우리에게 어마어마한 편리함을 안겨준다. 전동 스쿠터와 문앞까지 오는 음식 배달 서비스로 우리는 몇 걸음 걷지 않고도 생활할 수 있다. 하지만 그 대신 우리는 신체적 건강은 물론이고 정신적 건강상의 위험도 막아줄 중요한 뭔가를 잃어버렸다. 이제는 일상적으로 운동을 할 똑똑한 방법을 찾아야 한다. 꼭 스포츠나 격렬한 운동이 아니어도 된다. 걸음 수를 늘리거나, 자전거로 출근하거나, 엘리베이터 대신 계단을 이용하는 것부터 시작해도 좋다. 쉽게 습관으로 만들 수 있는 것이라면 뭐든 해야 한다. 깊이 생각할 필요 없이 할 수 있는 활동이면 더욱 좋다. 생각하지 않고도 그냥 자연스럽게 하는 양치질처럼 말이다.

움직이지 않는 생활 습관이 수많은 질병의 원인이 된다고 생각하면, 두려움이 느껴지는가? 이를 역으로 생각하면 엄청난 잠재력이 담긴 영역일 수 있다. 온갖 종류의 질병과 갈수록 늘어나는 정신 건강 문제를 예방 및 치료하고자 할 때, 신체 활동은 아직 활용되지 못한 엄청난 잠재력을 지닌 보물창고다. 조금만 운동을 해도 당신은 놀라운 선물을 잔뜩 받을 수 있다. 앞서 봤듯이, 운동을 전혀 안 하다가 조금이라도 하기 시작한 사람들에게서 기분과 스트레스 내성, 정신 능력에 가장 큰 변화가 나타나니 말이다.

왜 신체의 중요성을 무시할까? ○

불안과 우울증을 예방하는 데 신체 활동이 중요하다는 사실을 알고 깜짝 놀랐는가? 당신만 그런 게 아니다. 운동이 뇌의 기능과 기분을 향상시키는 원리를 소개한 내 전작《뇌는 달리고 싶다》에 대한 독자들의 반응으로 보건대, 많은 이들이 신체가 정신 상태에 미치는 영향을 과소평가하는 게 분명하다. 상당히 많은 이들이 그 책을 읽고 인생이 바뀌었다고 말했다. 대다수가 운동을 시작했으며 그 후로 기분이 좋아졌다고 했다.

특히 기억에 남는 독자가 있다. 30대 중반의 남성이 스톡홀름 알란다 국제공항에서 나를 알아보고 다가왔다. 그는 전쟁으로 파괴된 지역에서 어린 시절을 보냈다고 했다. 그로 인한 외상후 스트레스가 극심해 자살도 여러 번 생각했다는 것이다. 그는 내 책을 읽은 후 달리기를 시작했다. 처음에는 조금씩 하다가 차츰 강도를 높였다. 이후 불안이 사라졌고 음주량도 줄일 수 있었다. 그는 달리기와 술을 줄인 것, 둘 중 어떤 것이 자신을 변화시킨 결정적 요인인지 잘 모르겠다고 했다. 하지만 달리기가 불안을 줄여주지 않았다면 음주 문제도 해결할 수 없었을 것이다. 그는 성인이 된 후 처음으로 정서적 안정을 경험하고 있다면서 《뇌는 달리고 싶다》가 10년만 더 일찍 출간됐더라면 좋았을 거라고 아쉬워했다.

물론 대중과학서에 대한 독자 반응을 토대로 결론을 내릴 때는 신중해야 한다. 하지만 놀랍게도 수많은 사람이 똑같은 이야기를 했다. 그 책을 읽기 전에는 운동이 감정에 미치는 영향을 '보잘것없는 것'으로 치부했다고 말이다. 왜 그렇게 생각했을까? 어쩌면 전통적으로 신체와 영혼을 분리해서 다루는 서양 철학의 관점 때문일지도 모른다. 플라톤(Plato)부터 시작해 수많은 사상가가 영혼은 신체나 뇌와 무관하게 존재한다고 봤다. 이 같은 신체와 영혼의 구분은 심신 이원론을 믿게 한다. 우리 안에 뇌 이상의 무언가가, 즉 정령이나 영혼 같은 것이 있다는 얘기다. 물론 이런 관점은 솔깃하다. 우리의 가장 내적인 감정이 물컹한 소시지 덩어리 같은 기관에서 만들어진다고 보기는 아무래도 미심쩍

으니까 말이다.

썩 내키지 않았을지도 모르지만, 흥미롭게도 사람들은 감정과 생각과 경험이 뇌 안에서 일어난다는 사실, 그리고 뇌의 구불구불한 주름 속에 영혼이나 정령이 없다는 사실을 받아들이기 시작했다. 그러면서 신체와 영혼을 구분하는 이분법을 버렸고, 대신 그런 구분을 신체와 뇌에 적용하게 됐다.

하지만 신체와 뇌의 구분은 인위적인 것이다. 뇌는 신체와 분리된 채 세상을 돌아다니는 기관이 아니다. 신체 없이 존재하는 뇌는 없다. 사실 뇌는 생각하고 느끼거나 의식을 만들어내기 위해서가 아니라 우리 몸을 이끌고 통제하기 위해 발달했다. 저명한 신경과학자 리사 펠드먼 배럿(Lisa Feldman Barrett)은 이렇게 말했다. "진화 과정에서 신체가 더 커지고 복잡해지면서 뇌도 더 커지고 복잡해졌다."

뇌와 신체는 대단히 긴밀하게 연결돼 있다. 이 책에서 나는 그런 관계를 보여주는 최근 연구 결과들을 소개했다. 뇌가 면역체계로부터 정보를 수신한다는 사실, 뇌가 내부 자극과 외부 자극을 모두 이용해 느낌을 만들어낸다는 사실 등이다. 외부에서 오는 자극(예컨대 감각 인상, 일터나 학교의 인간관계에서 일어나는 일)은 눈에 뻔히 보이고 측정도 할 수 있다. 그래서 특정한 기분을 느끼거나 우울 및 불안을 겪는 원인을 외부 자극에서 찾기 쉽다. 그에 비해 신체의 내부 자극은 주관적이므로 측정하거나 알아채기가 더 어렵다. 하지만 그것이 우리의 안정과 행복에 미치는 영향이 외부 자극 못지않게 중요하다는 사실을 많은 연구가 보여준다. 다시 말해 심리 치료나 뇌 내 물질의 균형을 회복하는 약물만이 기분과 우울, 불안에 영향을 주는 것이 아니라는 얘기다. 신체 상태 역시 대다수 사람이 생각하는 것보다 훨씬 더 중요하다. 과학계의 연구가 신체와 뇌 사이의 인위적인 구분을 서서히 허물어뜨리고 있다. 이 구분이 완전히 사라지면 우리는 우울증과 불안, 행복을 단순히 심리학적 관점뿐 아니라 생리학적 관점에서도 바라보게 될 것이다. 신체 활동 역시 바로 그 두 가지 관점에서 바라봐야 한다.

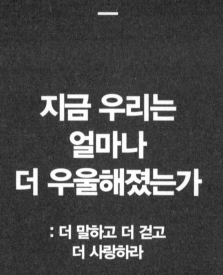

7장

지금 우리는 얼마나 더 우울해졌는가

: 더 말하고 더 걷고 더 사랑하라

최고의 시절이면서 최악의 시절이었다.

찰스 디킨스(Charles Dickens), 《두 도시 이야기》 중

내가 역사에 관심을 가진 것은 10대 후반부터였다. 단순히 르네상스나 중세 역사 또는 이집트 문명과 메소포타미아 문명의 탄생만이 아니다. '인간이라는 종'의 역사에 커다란 관심이 생겼다. 그 많은 포유동물 중 아프리카에 살던 보잘것없는 유인원이 어떻게 지구를 지배하는 생명체가 됐을까? 구할 수 있는 모든 책을 닥치는 대로 읽었다. 그러면서 과거 우리 조상들이 사망한 원인과 현재 우리의 사망 원인이 완전히 다르다는 사실에 무척 놀랐다.

몇 년 후 의학도가 되어 스웨덴의 카롤린스카 대학병원에서 인턴 생활을 할 때 그 차이를 직접 눈으로 목격했다. 오랜 세월 인류를 죽음에 이르게 한 병에 걸려 치료를 받는 환자는 찾아볼 수 없었다. 천연두나 말라리아에 걸려 생사를 오가는 사람도, 소아마비 때문에 죽는 사람도 없었다. 우리가 여러 치명적 질병을 억제하고 심지어 퇴치할 수 있었던 것은 물론 현대 의학의 눈부신 발전 덕분이다. 나는 환자들을 보면서 이런 생각이 들었다. 만일 이들이 우리 조상들처럼 생활했다면 이 중 몇 명이 여기 있을까? 지나치게 높은 혈당으로 혼수상태까지 이른 제2형 당뇨병 환자는 그 병에 거의 걸리지 않았을 것이다. 제2형 당뇨병이 발병하는 데에는 고혈압과 비만이 큰 영향을 미치는데, 이 둘은 우리 조상들에게 대단히 희귀했을 것이기 때문이다. 비만과 흡연, 제2형 당뇨병이 위험 인자로 작용하는 심근경색 환자도 마찬가지다. 내가 일하는 병동에는 뇌졸중 환자도 몇 명 있었다. 그들 역시 병원에 오지 않았을 것이다. 뇌졸중을 일으키는 가장 큰 위험 인자는 고혈압이니까.

얼마 후 같은 병원의 정신과 병동에서 일할 때도 같은 생각이 들었다. 단 이번에는 우리 조상들처럼 생활했다면 이 중 몇 명이 현재의 병에 걸렸을지 추측하기가 더 어려웠다. 그곳에는 조현병 환자들이 입원해 있었는데 내 생각에 그들은 어차피 조현병에 걸렸을 것 같았다. 조현병에는 유전적 요인이 크게 작용하고, 우리가 사바나 초원에 살던 시대 이후로 매우 소수의 사람만 그 유전자를 물려받았다. 역시 유전성이 높은 질환인 심각한 조울증을 앓는 환자도 마찬가지다. 하지만 그들 말고 정신과 병동의 대다수 환자는 어떨까? 즉 우울증과 불안 때문에 찾아온 사람들 말이다. 만일 그들이 우리 조상들처럼 생활했다면 병원에 올 일이 있었을까? 이 질문은 바꿔서 표현하면 결국 이것이다. 오늘날 우리는 과거 어느 때보다 더 우울해졌을까?

과거 인류의 감정 상태를 추측하는 건 불가능에 가까운 일이다. 뇌는 화석으로 남지 않으며 그들이 남겨놓은 심리 평가 결과 같은 것도 없다. 하지만 그들에게도 크게 우울해질 만한 순간은 분명히 있었다. 알다시피 그 시절에는 사람들의 절반이 10대가 되기 전에 사망했다. 다시 말해 대다수 성인이 적어도 자녀 한 명을 잃었다. 그렇다면 그때도 요즘만큼 우울증을 겪는 이들이 많았을까? 합당한 추측을 위해 오늘날 수렵채집 생활을 하는 부족을 연구해볼 수도 있다. 하지만 그들에게 그저 몇 번 방문해 설문에 답해달라고 요청하는 방법으로는 안 된다. 연구자가 현지 부족 사회의 신뢰를 얻은 뒤 그들을 몇 년에 걸쳐 관찰해야 의미 있는 결과를 얻을 수 있다.

인류학자 에드워드 쉬펠린(Edward Schieffelin)이 바로 그렇게 했다. 그는 파푸아뉴기니의 칼룰리족과 10년 넘게 함께 생활하면서 관찰했다. 그 결과 그들 역시 심리적 괴로움을 느낀다는 사실을 알게 됐다. 그러나 삶의 환경이 매우 열악함에도, 2,000명을 면담하고 조사한 결과 우울증을 앓는 사람은 극소수였고 증상도 가벼웠다.

인류학자 제임스 수즈먼(James Suzman)도 20년간 아프리카 칼라하리사막의 부시먼족과 생활한 뒤 같은 결론을 얻었다. 이들도 우울증을 겪기는 했지만 흔치 않았다. 탄자니아의 하드자족, 인도네시아의 토라자족 등 산업화되지 않은 공동체를 연구한 다른 인류학자들 역시 같은 결론을 내렸다. 이들 부족에서는 우울증이 거의 나타나지 않았다. 현대 수렵채집인들의 생활 조건이 우리 조상들처럼 매우 열악하다는 점을 고려할 때 매우 놀라운 결과다. 일례로 약 절반의 아이들이 사춘기가 되기 전에 죽는데, 이는 당연히 부모에게 커다란 비극이다. 여느 부모와 마찬가지로 이들 역시 자식의 죽음을 깊이 슬퍼하지만, 우울증에 빠지는 경우는 별로 없다.

수즈먼과 쉬펠린을 비롯한 인류학자들의 경험을 성급하게 일반화하기 전에 신중해질 필요가 있다. 이들이 우울증을 진단하는 의학 전문가는 아니기 때문이다. 또 우울증을 앓는 부족원이 그 사실을 숨겼을 수도 있으며, 오늘날의 수렵채집 사회가 과거의 수렵채집 사회를 그대로 반영한다고 100퍼센트 확실히 말할 수도 없다.

그럼에도 이와 같은 연구 결과는 흥미로운 질문을 던져준다. 이들 부족의 사회생활에서 무언가가 우울증을 막아주는 것은 아닐까? 또는 관점을 뒤집으면 이렇게 물을 수 있다. 오늘날 '우리' 생활에서 무언가가 우울증에 더 쉽게 걸리게 하는 것은 아닐까?

시골 vs 도시 ○

그 질문의 답을 찾고자 미국 연구팀이 현대화 수준이 각기 다른 여러 사회에 사는 여성 657명을 연구했다. 연구팀은 나이지리아 시골, 나이지리아 도시, 캐나다 시골, 미국 대도시에 사는 여성들에게 설문조사를 했다. 불안이나 우울 정도가 어떤지, 잠을 잘 자는지, 집중하는 데 어려움을 겪는지, 피로감이나 활력 수준이 어떤지, 스스로 우유부단하다고 느끼는지, 자신감이 낮은지 등을 물었다. 이들 항목은 정신의학 진단의 표준 참고 문헌인 〈정신 질환 진단 및 통계 편람(Diagnostic and Statistical Manual of Mental Disorders, DSM)〉의 우울증 기준을 토대로 했다.

답변을 분석해보니 더 현대화된 사회일수록 우울증 증상이 많이 나타났다. 나이지리아 시골 여성은 나이지리아 도시 여성보다 정신 건강 상태가 더 좋아 보였고, 나이지리아 도시 여성은 캐나다 시골 여성보다 더 좋아 보였다. 정신 건강이 가장 안 좋은 이들은 미국 대도시에 사는 여성이었다. 이 같은 패턴은 45세 이하 여성에게서 특히 뚜렷이 나타났다.

그러나 이때도 섣불리 결론을 내리기 전에 신중해야 한다. 이 여성들을 비교하는 것이 타당한지 확실치 않기 때문이다. 어쨌든 사람들은 자신이 원하는 삶의 형태에 따라 사는 지역을 결정한다. 성공에 대한 야망이 크고 이런저런 불안감이 많은 사람이 대도시에서 경력을 쌓아 흔들리는 자존감을 높이고자 시골을 떠나 뉴욕으로 갈 가능성이 더 크다면, 이 도시에는 불안감이 높은 사람이 많아질 것이다. 동시에 시골에는 불안감이 높은 이들이 더 적어질 것이다. 따라서 뉴욕 거주자와 미국 시골 거주자를 무작위로 선택해 비교하는 것은 사과와 배를 비교하는 것처럼 오류를 내포할 위험이 있다. 나이지리아 시골 여성과 나이지리아 대도시 여성을 비교하는 것도 마찬가지다. 특정한 성격 특성을 가진 사람은 대도시로 이사하고, 또 다른 성격 특성을 가진 사람은 대도시를 떠나는 경향이 있기 때문이다.

또 연구팀은 질문 내용을 미국과 나이지리아, 캐나다의 피험자 모두가 똑같은 의미로 해석하고 이해하도록 정신과 의사의 도움을 받아 질문지를 작성했지만, 그래도 여전히 언어적 차이가 영향을 미쳤을 수 있다. 게다가 자신의 감정과 기분을 표현하는 방식에 문화적 차이도 있다. 어떤 문화권에서는 우울증 증상을 신체적 불편감으로 표현한다. 즉 허리가 아프다고 말하는 것이 정신이 아픈 것을 표현하는 한 방법일 수 있다. 그러나 모든 오류 발생 가능성을 고려하더라도, 이 연구는 저개발 국가에 사는 여성의 정신 건강이 선진국 여성보다 적어도 '더 나빠지는' 않다는 사실을 보여준다. 여기서도 우리는 그들 생활의 무언가가 우울증을 막아준다고 추정해볼 만하다. 그것이 무엇일지는 잠시 후에 다시 논하겠다.

우리는 최근 몇십 년 사이에 더 우울해졌는가? ○

이번에는 스웨덴과 주변 지역의 우울증 발생률을 살펴보자. 스웨덴에서는 최근 몇십 년 동안 항우울제 처방을 받는 비율이 급격히 증가했다. 현재 성인 여덟 중 한 명이 항우울제를 처방받는다. 하지만 스웨덴이 최고 수준은 아니다. 영국과 아이슬란드, 포르투갈은 이 비율이 훨씬 더 높다. 대부분의 연령대에서 그리고 경제적으로 부유한 국가들에서 나타나는 우울증 상승 곡선은 대단히 가팔라서 그래프를 보는 사람이 우울증에 걸릴 지경이다.

그렇다면 우리는 정말 과거보다 더 우울해진 것일까? 여전히 확실히 말하기 어렵다. 단순히 항우울제를 처방받는 사람의 수를 살펴보는 것만으로는 충분하지 않은 탓이다. 우울증 환자가 많아진 것이 요즘에는 사람들이 옛날보다 병원을 더 많이 찾아가기 때문이거나 의사가 처방전을 더 쉽게 써주기 때문일 수도 있다. 게다가 서로 다른 시점에 무작위로 선발한 대규모 피험자 집단에 우울증과 관련하여 같은 질문을 던진 여러 연구를 살펴보면, 최근 수십 년 사이 정신 건강에 어떤 변화가 있었는지에 관해 다소 산만한 관점을 얻게 된다.

예컨대 미국인 60만 명을 대상으로 한 설문조사는 2005년에서 2015년 사이에 우울증이 증가했음을 보여준다. 특히 10대의 우울증은 무려 40퍼센트 넘게 증가했다. 프랑스의 한 연구는 1990년대 초에 비해 2005년에 우울증 환자가 더 많아졌음을 보여줬지만 증가 폭은 미미했다. 오스트레일리아는 1998년에 우울증 환자가 인구의 6.8퍼센트였지만 2008년에는 10.3퍼센트였다. 10년 사이에 두 배 가까이 증가한 것이다. 하지만 독일에서는 연구팀이 1997~2012년의 데이터를 검토한 결과 우울증 환자 수에 큰 변화가 없었다. 일본에서는 우울증 환자 수가 2003년에서 2014년 사이에 64퍼센트 증가한 것으로 추정된다. 하지만 증가의 주요 원인은 병원을 찾아 전문가의 도움을 구하는 이들이 많아졌기 때문으로 보인다.

우울증 환자 수의 증가가 반드시 우울증을 실제로 앓는 사람이 많아졌다는 의미는 아니다. WHO는 2005년에서 2015년 사이에 우울증을 겪는 사람의 수가 전 세계적으로 증가했다고 밝혔다. 하지만 같은 기간에 세계 인구가 13퍼센트 증가했다는 사실도 고려해야 한다.

이런 많은 수치와 통계 자료가 혼란스럽지 않은가? 나는 확실히 그랬다. 여러 연구가 명백하게 한 방향을 가리키지 않기 때문이다. 어떤 연구에서는 오늘날 우울증을 앓는 사람이 확실히 늘어났다고 하고, 또 다른 연구에서는 큰 변화가 없거나 있더라도 아주 약간 증가했다고 한다. 게다가 서로 다른 시점에 나온 연구들을 비교하기가 쉽지 않다는 점도 혼란을 키운다.

어쨌든 우울증은 혈액 검사나 유전자 검사 또는 엑스레이 촬영으로 판정할 수가 없다. 우울증 관련 연구는 이런 검사들과 달리 개인의 기분과 감정 상태에 대한 답변을 토대로 이뤄지는데, 단어의 의미가 달라질 수 있다는 맹점이 존재한다. 만일 10년에

한 번씩 스웨덴 국민 1,000명에게 우울감을 자주 느끼냐고 묻는다면 그들은 대답하는 시점에 '우울감'이 뜻하는 바에 따라 그 단어를 사용할 것이다. 예를 들어 1970년대와 현재에 사람들은 그 단어를 크게 다른 의미로 사용할 수도 있다. 내 경험만 봐도 그렇다. 앞서 잠깐 언급했듯이, 중학생이었던 1990년대에 나는 '정신의학'이란 말을 들으면 구속복과 독방을 떠올렸다. 나뿐 아니라 대부분 사람이 그랬을 것이다. 그래서 사람들은 정신의학과에 찾아가기를 꺼렸다. 요즘 자신의 정신 건강 문제를 밝히고 도움을 청하는 이들이 많아진 것은 좋은 현상이지만, 한편으론 바로 그 때문에 오늘날과 과거의 설문조사 결과를 비교하기가 어렵다.

'오늘날 우울증을 겪는 사람이 과거보다 많아졌는가?'에 대한 답을 찾으려는 것은 가망 없는 시도처럼 보인다. 하지만 나는 자료를 더 찾아봤다. 시간의 흐름에 따라 의미가 변하지 않는 용어들로 질문지를 작성했으며, 대규모 피험자를 대상으로 객관적 증상을 관찰한 다수의 연구 데이터를 찾아냈다. 이들 데이터는 과거와 오늘날의 우울증 환자 수에 큰 차이가 없다고, 오히려 오늘날 사람들의 정신 건강이 약간 더 좋아졌다고 밝히고 있었다. 예외는 10대 소녀들로, 이들의 우울과 불안은 지난 10년간 증가해왔음을 뒷받침하는 근거가 많다(5장 참조).

이 데이터를 제외하고는, 20년이나 30년 전보다 현재 우울증을 겪는 사람이 더 많아졌는지 아닌지 정확히 판단하기 힘들다. 주의력결핍과잉행동장애(ADHD)나 자폐증도 마찬가지다. 질 높은 여러 연구는 진단 건수가 크게 증가하긴 했지만, 그것이 발생 건수의 증가 때문은 아니라는 사실을 보여준다. 이는 오늘날 병원을 찾아가 진단을 받는 사람이 많아졌다는 뜻이기도 하지만, 20년 전에 진단을 받았어야 하는 사람들이 그러지 않았다는 뜻이기도 하다.

확실히 말할 수 있는 한 가지 사실은 우울증 사례가 분명히 줄어들지는 않았다는 점이다! 요즘은 20~30년 전보다 더 많은 이들이 병원을 찾을 뿐 아니라 의술도 크게 발전했다. 앞서도 말했듯 20세기 들어 감염병 치료에 놀라운 진전이 이뤄졌고, 이후에도 의학의 발전은 결코 느려지지 않았다. 감염병을 극복한 이후에도 심장병과 암이 많은 사람의 목숨을 앗아갔지만, 이들 질병과의 싸움에서도 놀라운 진전을 이뤘다. 21세기가 시작된 이후 스웨덴에서 심근경색으로 인한 사망률은 50퍼센트 이상 낮아졌다. 1980년대에는 심근경색을 진단받고 10년 후에도 생존한 사람이 열 명 중 네 명이었지만 현재는 열 명 중 일곱 명이다. 의학의 발전 덕분에 우리는 더 오래 살 수 있게 됐다. 전 세계적으로 평균 기대 수명은 1990년 이래 7년 늘어났다. 같은 기간 스웨덴과 유럽, 일본에서는 5년 늘어났다. 해마다 약 2개월씩 늘어난 셈이다. 그리고 수명만 늘어난 것이 아니라 '더 건강하게' 사는 기간도 늘어났다.

의학 발전과 동시에 경제 발전도 이뤄졌다. 스웨덴의 국민총생산(GNP)은 1990년대 이후 거의 100퍼센트 증가했다. 이전보다 두 배나 더 부유해진 것이다. 물론 스웨덴뿐만이 아니다. 독일 경제는 1997~2012년에 80퍼센트 성장했고, 미국 경제는 1990~2018년에 세 배 가까이 성장했다.

그러나 이처럼 의학 기술과 경제가 눈부시게 발전했음에도 우리의 정신 건강은 크게 나아지지 않은 것 같다. 이 사실을 진지하게 생각해보는 이들이 많지 않다는 것이 놀라울 따름이다. 모든 이념과 종교, 정당이 늘 약속하는 것이 우리를 행복하게 해주겠다는 것인데 말이다. 경제 발전과 행복이 무슨 관계가 있는지 궁금하다면, 단호한 자본주의자에게 왜 경제 발전을 추구해야 하느냐고 물어보라. 그는 '인생을 즐기기 위해서'라고 대답할 것이다. 그리고 왜 인생을 즐겨야 하느냐고 물으면 '행복해지기 위해서'라고 답할 것이다. 하지만 우리는 행복하지 않은 듯하다.

우리는 좋은 것을 충분히 누리고 있음에도 우울하고 불안하다.

> **의학 기술과 경제가 눈부시게 발전했음에도 우리의 정신 건**
> **강은 크게 나아지지 않은 것 같다.**

현대의 수렵채집인에게서 찾은 단서 ○

모든 것이 눈부시게 발전했음에도 20년 전보다 우리의 정신 건
강이 크게 좋아지지 않은 것 같다는 말이 절망적으로 들릴지 모
른다. 우리의 기분은 의술이나 경제의 발전과 상관없는 별개의
영역인 것만 같다. 그것을 바꾸려는 시도는 무의미해 보인다.
그러나 정신과 의사인 내 생각은 그렇지 않다. 나는 많은 이들
이 심리 치료와 운동, 약물을 통해 우울과 불안을 극복하는 것
은 물론이고 예방하는 것을 직접 목격해왔다. 그래서 정신 건강
을 개선하려는 노력이 결코 무의미하지 않다고 확신한다! 우리
가 20년이나 200년 또는 2만 년 전보다 더 우울해졌는지 아닌
지는 분명 흥미로운 주제이지만, 어쨌든 가장 중요한 것은 지금

여기서 우리가 무엇을 실천할 수 있느냐다.

불안과 우울을 막아주는 백신은 없지만, 우리의 기분은 분명 더 나아질 수 있다. 이는 여러 가지 관점을 고려해야 하는 복잡한 문제다. 하지만 종종 간과되는 중요한 관점 하나는 수즈먼과 쉬펠린 같은 인류학자들이 발견한 역설적 사실이다. 물질적으로 열악한 환경임에도 현대의 수렵채집인들에게서 우울증이 드물다는 것 말이다. 그들의 생활에는 우울증을 막아주는 무언가가 있다. 뒤집어 말하면, 우리의 생활에는 우울증에 더 취약하게 하는 무언가가 있다. 나는 그 무언가가 신체 활동, 사람들과 보내는 시간이라고 생각한다. 수렵채집인은 하루에 1만 5,000~1만 8,000걸음을 걷는다. 그리고 하루에 두세 시간 동안 신체 활동을 하며, 그중 한 시간은 활동의 강도가 높다. 또 공동체 구성원 간 유대감이 강하고 물리적으로도 서로 가까이서 지낸다. 이 두 요인이 그들의 불안과 우울을 막아준다. 게다가 흡연을 거의 하지 않고, 환경 독소에 별로 노출되지 않으며, 우리처럼 가공식품을 많이 먹지도 않는다. 그리고 우리보다 노동을 적게 하고 더 평등한 공동체에서 산다.

모두가 작은 변화를 실천한다면 ○

이들 각각의 요인이 하는 정확한 역할을 수치화하기는 물론 어렵다. 그러나 신체 활동 그리고 사람들과 보내는 시간이 중요한 역할을 하는 것만은 분명하다. 그렇다면 많은 이들이 비교적 작은 변화만 실천해도 정신 건강 문제 때문에 치료를 받아야 하는 상황을 피할 수 있지 않을까? 우리가 지금보다 조금만 더 운동을 한다고, 걸음 수를 늘려 매일 1만 보씩 걷는다고, 조금만 더 자주 사람들을 직접 만난다고 상상해보라. 세상의 모든 외롭지 않은 사람이 일주일에 한 시간만 빼서 외로운 사람을 돕는다고 상상해보라. 그럼 어떻게 될까? 앞서 소개한 연구들을 떠올리면 답이 대충 보일 것이다. 우울증 사례의 20퍼센트가 외로움에서 기인하고, 운동량을 늘리면 우울증의 12퍼센트를 예방할 수 있다는 내용 말이다. 세계적으로 우울증 환자가 최대 1억 명은 줄어들 것이다.

우울증 감소 말고도 얻을 수 있는 이로움이 많다. 서구 사회의 은퇴 연령에 이른 현대의 수렵채집인들은 신체적으로 대단히 건강하다. 과체중이나 비만, 고혈압도 거의 없다. 제2형 당뇨병 역시 매우 드물어서 통계를 내기가 어려울 정도다. 당뇨병에 걸린 사람 자체를 찾기가 힘든 것이다. 볼리비아에 사는 치마네족의 80세 주민들의 혈관 건강은 서구 사회에 사는 55세 성인의 수준이다. 그들이 혈압이나 혈중 지질 수치를 낮추는 약물을 복용하지 않는다는 점을 떠올리면 더욱 놀랍다. 혈당 검사도 하지 않고 건강검진도 받지 않는다. 심지어 수돗물과 전기도 없이 산다.

건강 관리 시스템이 전혀 없고 가장 기본적인 생활 시설조차 없음에도 오늘날의 수렵채집인들은 신체적으로 매우 건강하다. 정신 건강도 마찬가지다. 심리 치료나 항우울제의 도움을 받지 않는데도, 그리고 많은 성인이 적어도 자식 한 명을 잃는데도 우울증이 거의 없다. 만일 서구 사회의 모든 건강 관리 시스템과 항우울제, 심리 치료가 갑자기 사라진다면 그리고 많은 성인이 자식을 잃는다면 우리의 신체적·정서적 건강은 어떻게 될까?

20년 가까이 의사로 살면서 확실히 깨달은 점이 있다. 인간의 건강과 정서적 안정에 관한 한 가장 커다란 성과를 올리는 길은 탁월한 연구를 완성하는 것도, 더 많은 이들에게 향정신성 약물을 처방하는 것도 아니라는 사실이다. 우리는 최첨단 기술과 무관한 구식 방법으로 가장 큰 성과를 얻을 수 있다. 즉 사람들에게 필요한 지식을 알려주는 동시에 몸을 움직여 더 걷고 사랑하는 이들을 더 자주 만나도록 독려하는 것이다.

이는 경제적 관점에서도 더 나은 방법이다. 정신의학자 토머스 인셀(Thomas Insel)은 미국 국립정신건강연구소(National Institute of Mental Health)를 13년간 이끌었다. 이 기관의 정신의학 분야 연구비 지원은 세계 최대 규모다. 인셀이 소장으로 있는 동안 무려 200억 달러가 각종 연구에 지원됐다. 2017년 인셀은 그런 연구비의 영향을 이런 말로 요약했다.

우리는 수없이 많은 훌륭한 논문이 발표될 수 있도록 중요한 도움을 제공했다. (…) 하지만 자살률과 입원율을 낮추고 정신 질환을 앓는 수많은 이들의 회복률을 높이는 것에서는 눈에 띄는 변화를 만들어내지 못했다고 생각한다.

뇌에 관한 다양한 연구 결과가 세계 곳곳에서 나오고 최첨단 지식을 갖추는 일은 중요하다. 그러나 그런 지식이 사람들에게 가 닿지 않고 그들의 삶을 바꾸지 못한다면 아무 의미가 없다. 정신의학 연구가 쓸모없다는 얘기가 아니다. 이 분야의 연구는 꼭 필요하다. 하지만 신체적·정신적 건강을 높이기 위해서는 미래를 바라보며 기술을 혁신하고 뛰어난 연구 성과를 내는 것만으로는 안 된다. 과거로 시선을 돌려 인간의 진화 역사를 살펴보는 것도 중요하다는 얘기다. 우울과 불안을 예방하는 데 중요한 단서가 되는 지식을 공유하고, 그럼으로써 병원의 도움을 받아야 하는 상황에 이르지 않게 해줄 행동과 습관을 촉진해야 한다. 우리는 사바나 초원의 삶으로 돌아갈 수는 없지만, 현재의 우리를 만든 역사적 조건과 진화 프로세스에서 중요한 교훈을 얻을 수는 있다.

인간이 자동으로 행복해지도록 진화하지 않았다면, 질환으로 보이는 많은 것이 사실은 방어 기제일 수 있다면, 도움이 필요한 이들은 누구일까? 인간 생활의 본질인 정상적인 감정 변화와 병으로 진단해야 하는 심리 상태를 어떻게 구분할 수 있을까? 그냥 울적한 것과 우울증을 어떻게 구분해야 할까? 무엇이 수줍음이고 무엇이 사회공포증일까? 모두 간단히 대답하기 힘든 질문이다. 그러나 이것만은 확실하다. 심리 상태 때문에 일상생활에 지장을 받고 있다면 전문가의 도움을 받아야 한다.

우리는 기꺼이 수용할 수 있는 고통의 한계점을 계속 낮춰왔다. 스웨덴에서는 더 많은 이들이 전문가의 도움을 찾고 약물과 심리 치료를 이용한 결과, 1990년 이래 자살률이 30퍼센트 감소했다. 정신 질환에 대해 거림낌없이 말하는 것이 사람들의 생명을 구하고 고통을 완화해준다는 점은 분명해 보인다. 나는 이런 열린 태도가 많은 문제를 해결할 수 있다고 확신한다. 하지만 문제가 완전히 없어지는 것은 아니다. 다음 장에서는 우리가 조심해야 할 함정을 살펴본다.

8장

운명 본능

: 내가 우울증에 걸리는 건 시간문제다?

할 수 있다고 생각하면 할 수 있고,
할 수 없다고 생각하면 할 수 없다.

헨리 포드(Henry Ford), 기업가

"결국 이렇게 될 줄 알았어요. 내가 우울증에 걸리는 건 시간문제였다고요. 친척 중에도 우울증을 앓는 사람이 몇 있거든요. 내 뇌에 세로토닌이 크게 부족한 것 같아요."

나는 이런 식으로 말하는 환자를 숱하게 만났다. 그들은 세로토닌이 부족해서 또는 도파민이 부족해서 우울한 것 같다고 말한다. '나쁜' 유전자 탓이라고 말하는 사람도 있다. 문제는 그들이 우울이나 불안 증상을 생물학적 관점에서 본다는 사실이 아니다. 우울증이 단순히 '너무 적은 세로토닌양' 때문이라고 단정하는 것은 곤란하지만 말이다. 문제는 우울이나 불안을 숙명적인 것으로 본다는 점이다.

사람들은 세상이 변하지 않으며, 특정 사건은 반드시 일어나게 돼 있다고 믿는 경향이 있다. 이는 지극히 자연스러운 심리적 특성이다.

당신의 어린 시절을 생각하면 지금과 많이 다른 세상이 떠오를 것이다. 스마트폰이나 인터넷, 심지어 컴퓨터도 없는 세상

말이다. 하지만 그런 큰 차이를 느끼는 것은 예외에 해당한다. 인류 역사의 대부분 기간에는 한 개인이 태어난 시점에서 죽는 시점 사이에 세상이 크게 바뀌지 않았다. 어릴 때의 세상과 늙어서의 세상이 거의 비슷했다. 그래서 인간의 뇌와 정신 능력은 주변 세상이 변하지 않으리라고 기대하도록 수십만 년에 걸쳐 진화했다.

세계 보건 분야의 저명한 전문가인 한스 로슬링(Hans Rosling)은 세상이 그대로일 것이라고 믿는 이런 경향을 '운명 본능(destiny instinct)'이라고 칭했다. 운명 본능을 지닌 우리는 특정 국가나 대륙이 특정한 발전 경로를 따를 수밖에 없다고 믿는다. 또 우리가 바뀔 수 없다고, 특정한 기분에서 영원히 벗어날 수 없다고 믿는다.

사람들이 자신의 정서와 감정을 '크게 부족한' 세로토닌, '과도하게 활성화된' 편도체, '나쁜' 유전자 등의 생물학적 프리즘을 통해 바라보면 운명 본능에 지배당할 위험이 있다는 것이 내 생각이다.

'난 어차피 우울증에 걸릴 운명이야'

당신이 유전자 검사를 받는다고 치자. 검사 비용을 지불한 뒤 택배로 도착한 튜브에 당신의 침을 넣어서 검사 업체로 다시 보낸다. 3주 후 결과가 나왔다는 이메일이 온다. 약간 떨리는 마음으로 로그인을 하니 이렇게 적혀 있다. '당신 DNA의 2.2퍼센트는 네안데르탈인에게서 왔다. 그리고 어머니 쪽 혈통의 먼 조상은 1만 1,000년 전 중동에서 살던 여성이다. 그녀는 당신의 외할머니로부터 450세대 이전의 여성이다.'

당신도 나처럼 이런 정보에 유달리 관심이 많은 유형이라면 몹시 신기하고 놀라울 것이다. 검사 결과를 읽다 보니 '건강 위험도' 섹션이 있다. 심혈관 질환에 걸릴 확률이 남들보다 30퍼센트 더 높다고 나와 있다. 반가운 소식은 아니지만 크게 놀랍지도 않다. 아버지 쪽 친척 중에 몇 명이 심근경색을 앓았기 때문이다.

이제 당신은 방금 알게 된 정보를 어떻게 활용할지 결정해야 한다. 심근경색에 걸릴 유전적 위험도는 바꿀 수 없다. 하지만 다른 위험 인자들에는 당신이 영향을 미칠 수 있다. 당신은 1년마다 건강 검진을 받기로 마음먹는다. 헬스장 회원권도 끊고, 운동화도 새로 장만하고, 치즈볼과 비스킷을 주방에서 싹 치운다. 만일 이처럼 더 건강한 생활 습관을 유지하는 데 성공한다면, 유전자 검사가 당신을 심근경색에서 구해 수명을 몇 년 연장해준 셈이 될 것이다.

또 당신은 알코올 의존증이 생길 위험이 크다는 사실도 알게 된다. 이건 의외의 결과다. 당신이 아는 한 가족이나 친척 중에 알코올 문제를 겪는 사람이 없기 때문이다. 하지만 오로지 유전자 때문에 알코올 중독자가 되지는 않는다. 일단 술을 마셔야 중독이 되는 것이므로, 당신이 술을 피하면 된다. 집에 있는 와인을 전부 버리고 새해 모임에서는 무알코올 샴페인을 마신다. 그러면 유전적 위험 인자가 아무 힘도 발휘하지 못할 것이다. 하지만 정말 그렇게 간단할까? 안타깝게도 그렇지는 않다.

한 연구팀이 피험자들에게 알코올 의존증이 생길 위험이 큰 유전자를 갖고 있다고 알려줬다. 이것은 거짓말이었다. 즉 그런 유전자를 가진 피험자는 없었다. 알코올을 남용할 유전적 위험이 크다는 말을 들은 피험자들이 어떻게 행동할지 알아보는 것이 연구의 목적이었다. 관찰 결과, 그런 거짓 정보를 들은 사람은 술을 끊기 더 어려워했다. 알코올 문제를 어쩔 수 없는 운명이라고 보기 시작한 탓이다. 운명 본능이 작동한 것이다.

당신의 유전자 검사 결과는 우울증에 걸릴 확률도 높다고 말해준다. 심근경색이나 알코올 의존증과 마찬가지로, 이때도 유전적 위험도는 바꿀 수 없지만 다른 위험 인자들에는 당신이 영향을 미칠 수 있다. 운동을 시작하고, 잠을 충분히 자고, 과도한 스트레스를 받지 않도록 조심하고, 소중한 주변 사람들을 더 자주 만나는 것이다. 그러면 유전자 검사가 당신을 우울증에서 구해주는 셈이 된다.

하지만 중독에 취약한 유전자를 갖고 있음을 알면 술을 끊기가 더 어려운 것처럼, 우울증 위험이 큰 유전자를 갖고 있다는 정보 역시 자신의 회복력에 대한 인식에 영향을 미치는 듯하다. 연구팀이 우울증을 겪는 사람들에게 뇌의 어떤 요인 때문에 우울증이 생겼다고 말해주자, 그들은 회복 가능성을 더 비관적으로 바라봤다. 기분을 관리할 수 있다는 자신감이 줄어들었고 우울증에서 벗어나는 데 더 많은 시간이 걸릴 것으로 생각했다. '무슨 노력을 하든 어차피 소용없어. 뇌에 뭔가 문제가 있는 것이니까'라고 생각하는 듯했다. 그들은 약물 복용만이 최선이라고 확신했다.

범불안장애 환자들에게서도 똑같은 현상이 관찰됐다. 불안 증상이 뇌에 세로토닌이 부족해서라는 이야기를 듣자, 이들은 불안에서 벗어날 가능성이 작다고 느꼈다. 역시 운명 본능이 작동한 것으로 보인다.

이처럼 불안이나 우울, 중독과 관련해 생물학적 관점을 취할 때 신경전달물질의 불균형과 유전자에 큰 비중을 두면 그 문제를 운명적인 것으로 인식하기 쉽다. 최악의 경우 이는 자기실현적 예언(self-fulfilling prophecy)이 될 수 있다. 정신 건강 문제를 도파민이나 세로토닌 또는 편도체의 관점에서만 설명하면 그 문제를 바꿀 수 없다고 믿게 되고, 결국 실제로 바꾸지 못하게 되는 것이다.

우울과 불안에 생물학적 요인이 작용한다는 사실을 알고 나면 운명 본능이 우울과 불안을 강화할 위험이 있다는 얘기가 절망적으로 느껴지는가? 하지만 절망하기는 이르다. 효과적인 해결책이 있기 때문이다. 바로 지식이다. 한 연구에서 우울증 환자들에게 영상을 보여줬다. 영상에는 이런 설명이 담겨 있었다. 유전자가 우울증 발생 위험에 '영향을 미치기는' 하지만 우울증 발생을 '결정하지는' 않는다. 뇌는 완성된 도자기가 아니라 점토와 비슷하다. 뇌는 가소성이 있어서 바뀔 수 있고, 우리가 어떻게 생활하느냐에 따라 뇌의 작동도 달라진다. 수면과 운동의 양, 장기적이고 예측 불가능한 스트레스에 노출됐는지 아닌지, 친구들을 만나는 횟수, 심리 치료 등 이 모두가 뇌의 기능에 영향을 미친다. 또 영상에서는 운동이 뇌의 화학물질에 영향을 미치며, 심지어 뇌세포 속의 유전자가 이용되는 방식도 변화시킨다는 사실을 설명했다. 이 영상을 시청한 후 사람들은 비관적 태도가 줄어들었고 우울증을 극복할 확률이 높아졌다고 느꼈다. 혹시 뭔가 비과학적이고 과장이 잔뜩 들어간 영상이었을지도 모른다는 의구심이 드는가? 그렇지 않다. 최신 과학 지식이 담긴, 길고 지루한 영상이 아니라 7분짜리 유튜브 동영상이었다.

아는 것이 힘이다 ○

현재 우리는 과학 혁명의 한가운데에 있다. 뇌가 인간의 정신 능력과 감정을 만들어내는 과정, 또 유전자와 외부 환경이 뇌에 미치는 영향에 관한 지식이 계속 쌓이고 있다. 이런 지식은 의료 서비스부터 우리의 행복, 교육에 이르기까지 모든 영역에서 엄청난 긍정적 효과를 가져올 수 있다. 그러나 그 지식을 제대로 전달하는 것도 중요하다. 유전자와 뇌에 관한 연구가 말해주는 것은 확실성이 아니라 가능성이다. 문제는 우리가 여러 단계의 회색을 보는 대신 흑과 백만 존재하는 이분법의 관점으로 생각할 때가 많다는 점이다. '우울증 발생 위험이 커진다'는 '우울증이 반드시 발생한다'와 같은 뜻이 아니다. 그럼에도 우리는 같은 의미로 받아들이곤 한다.

이 점을 기억하기 바란다. 뇌에 관한 연구는 엄청나게 빠른 속도로 발전하고 있지만, 뇌 자체는 그 자리에 있다. 인간의 뇌는 1만 년 동안 거의 변하지 않았다. 그래서 우리는 담배와 자동차보다 뱀과 거미를 더 두려워하고, 세상이 변하지 않는다고 생각한다. 두개골 안에서 일어나는 일에 관한 의학적 발견은 점점 증가하지만, 그 지식을 다루는 주체인 뇌의 입장에서는 사실 의학 문헌에 적힌 통계적 확률을 해석하는 일이 낯설기만 하다. 뇌에 관한 지식은 당연히 유용하다. 하지만 역설적으로 그 지식 탓에 우리가 생물학적 요인에 전적으로 좌우된다고 믿는 일을 막으려면, 과학적으로 사고하는 법을 익혀야 한다. 여기에는 연습이 필요한데 사실 그렇게 어렵지는 않다. 7분짜리 영상을 본 피험자들을 떠올려보라. 그들은 영상을 본 뒤 정신 건강을 관리할 수 있다는 자신감이 더 커졌다. 그리고 그 자신감은 6주 후에도 유지됐다.

다시 말해, 아는 것이 힘이다. 뇌가 '어떻게' 작동하는가를 아는 것도 중요하지만 '왜' 그런 식으로 작동하는지 아는 것도 똑같이 중요하다. 뇌의 가장 중요한 목적이 생존이라는 점을(그리고 위험으로 둘러싸인 세계에서 생존을 위해 진화했다는 점을) 알고 나면 현재의 우울과 불안이 반드시 우리가 아프다는 뜻은 아님을, 뇌가 고장 났다는 뜻은 더더욱 아님을 이해할 수 있다.

병명은 당신의 정체성이 아니다

인간과 다른 동물을 확연히 구분 짓는 특징을 하나만 꼽는다면 당신은 무엇을 선택하겠는가?

나라면 이야기를 만들어내는 능력을 꼽겠다. 뇌는 우리가 경험하는 내용을 설명할 방식을 끊임없이 찾는다. 이런저런 현상과 사건을 타당하게 설명할 수 있는 이야기를 계속 만들어낸다. 뇌는 특히 우리의 경험을 일관성 있고 합당하며 예측할 수 있게 해줄 이야기를 열심히 찾는다. 주변 세상과 우리 자신을 설명해주는 이야기 말이다.

의사인 나는 정신의학적으로 진단한 병명이 그런 이야기가 되는 것을 종종 목격한다. 어떤 이들은 자신과 병명을 동일시하면서 자신을 '아픈 사람'으로 못 박는다. 병명 자체가 일종의 정체성이 되는 것이다. 그런 환자를 보면 몹시 안타깝다. 정체성은 뇌가 우리의 과거를 이해하는 방식일 뿐 아니라 미래 삶의 방향을 가리키는 지도이기도 하기 때문이다. 그런 관점은 자기실현적 예언이 될 수 있고, 운명 본능을 작동시킬 수 있다.

> **인생의 어느 시기에 심한 불안을 느낀다고 해서 언제까지나 그 불안을 안고 살아야 한다는 의미는 아니다.**

이런 환자를 만날 때마다 나는 불안과 우울은 뇌가 정상적으로 작동한다는 신호일 수 있다고 설명한다. 게다가 극심한 불안을 겪는 사람들은 저마다 각기 다른 존재다. 우울증을 겪는 사람들도 마찬가지다. 인간은 특정한 병명으로 규정할 수 없는, 대단히 복잡한 존재다. 병명이 당신에 관한 모든 것을 말해주지는 않는다. 병명은 당신의 정체성이 될 수 없다.

또 나는 기분은 변하는 것이라는 사실도 설명해준다. 기분은 변할 수밖에 없게 돼 있다. 그렇지 않으면 기분은 아무짝에도 쓸

모가 없을 것이다. 이는 우울이나 불안 같은 어두운 기분에도 해당하는 얘기다. 인생의 어느 시기에 심한 불안을 느낀다고 해서 언제까지나 그 불안을 안고 살아야 한다는 의미는 아니다.

9장

행복해야
한다는 강박

: 즐기되 얽매이지 말 것

뇌는 반응하지 않고 예측한다.

리사 펠드먼 배럿, 신경과학자

지금까지 뇌가 행복을 느끼도록 진화하지 않은 이유를, 오히려 끊임없이 최악의 상황을 예상하고 대비책을 세우며(불안) 때때로 방어 기제를 작동해 움츠리는(우울증) 방향으로 진화한 이유를 살펴봤다. 이제 관점을 뒤집어 무엇이 우리를 행복하게 하는지 생각해볼 차례다. 이 주제에 대한 학계의 관심이 높아져 최근에는 긍정 정신의학(positive psychiatry)이라는 분야도 등장했다. '행복'은 '불안'보다 구글 검색 결과 수가 더 많은(9억 200만 개) 몇 안 되는 단어 중 하나지만, 행복이 과연 무엇인지 설명하기는 쉽지 않다.

많은 이들이 긍정적 감정을 느끼는 것과 행복을 동일시한다. 즐거움과 만족을 지속적으로 느끼는 상태를 행복이라고 보는 것이다. 반면 행복을 연구하는 전문가들은 행복을 자기 삶의 방향에 얼마나 만족하는가를 기준으로 판단하곤 한다. 이 관점에서 행복이란 끊임없이 즐거운 상태가 아니라 장기적인 목적의식을 가진 상태로 볼 수 있다. 만일 당신이 이런 정의에 동의하고 꼭 행복해지고 싶다면, 역설적이게도 행복을 돌보지 않는 편이 낫다. 그렇다, 행복이라는 단어를 머릿속에서 지워라! 행복을 신경 쓰지 않을수록 행복을 찾을 가능성이 더 크다.

뇌는 다음 순간에 일어날 일을 끊임없이 예측한다. 그리고 그 예측과 비교해서 현재의 경험을 이해한다. 예를 들어 당신이 욕실에 들어간다고 치자. 문을 열고 들어가기 전에 당신의 뇌는 이미 그 공간에 대한 기억을 끄집어내, 자신이 만나리라고 예상하는 감각 인상을 떠올리는 쪽으로 활성화된다. 이제 욕실에 들어가면, 뇌는 당신이 보고 듣고 느끼는 것을 예측한 내용과 비교한다. 만일 뇌의 예측과 그 감각 인상이 일치하면 당신은 특별한 반응을 하지 않는다. 하지만 뭔가가 예측에서 벗어나면 욕실로 들어가던 행동을 중단할 것이다.

큰 사안에서든 사소한 행동에서든, 우리 삶의 매 순간에 이런 비교가 이뤄진다. 뇌는 현재의 경험을 자신의 예측과 비교한다. 2021년 봄 영국 노인들에게 신체 건강 상태에 관한 설문조사를 했는데, 스스로 건강하다고 생각하는 이들의 비율이 전년도 조사 때보다 '증가'한 것으로 나타났다. 하지만 2020년은 팬데믹이 한창이던 시기였으므로 건강이 좋아졌다고 볼 수 있는 근거는 별로 없었다. 오히려 더 나빠졌다고 추측할 만한 근거가 많았다. 영국에서 10만 명 이상이 코로나19로 사망했고, 의료 시스템이 포화 상태에 이르러 응급 환자 이외에 일반 환자는 평소처럼 진료를 받을 수 없는 경우가 허다했기 때문이다.

그렇다면 그들은 왜 더 건강해졌다고 느꼈을까? 한 가지 가능한 설명은 이것이다. 코로나19와 환자들의 이야기를 날마다 접하면서 건강함에 대한 기준이 낮아진 것이다. 코로나19로 중환자실과 영안실이 포화 상태에 이르렀다는 언론 보도가 연일 이어지자 그들에게 허리나 무릎 통증, 두통 따위는 별것 아닌 문제로 느껴졌다. 팬데믹을 경험하면서 세상의 상황에 대한 뇌의 예측(뇌는 예측과 비교해 현재 경험을 이해한다)이 바뀌자 건강에 대한 관점도 바뀐 것이다.

이처럼 우리는 경험을 객관적으로 바라보지 않고 모든 경험을 자신의 예측 및 기대치와 비교하도록 신경생물학적으로 설계돼 있다. 어찌 보면 당연한 얘기 같지만 이를 인식하지 못할 때가 많다. 내가 경제학을 공부하던 시절 교수님들은 이런 말로 강의를 시작하곤 했다. "인간은 합리적인 동물이므로 늘 적은 것보다 많은 것을 선호한다." 정신과 의사가 된 이후 나는 그 말이 틀렸음을 깨달았다. 우리는 '적은 것보다' 많은 것을 선호하지 않는다. '남들보다' 더 많이 갖는 것을 선호한다. 자기 삶이 얼마나 만족스러운가에 대한 인식은 남들의 삶에 따라 달라진다. 당신의 아우디는 신형 테슬라를 몰고 온 친구를 보기 전까지만 멋져 보인다.

우리의 비현실적인 바람　　　○

인간이 모든 경험을 기대치와 비교하도록 진화했다는 사실은 행복을 얻으려고 애써 노력하지 말아야 할 이유를 말해준다. 행복감은 일시적이어야 한다. 그렇지 않으면 동기 부여라는 중요한 역할을 수행할 수 없다. 뇌는 신체와 외부 환경에서 오는 정보를 토대로 끊임없이 감정 상태를 수정한다. 앞서도 강조했듯이, 우리가 늘 행복과 만족에 젖어 살 수 있도록 뇌가 긍정적 감정 상태를 유지하기를 바라는 것은 뇌 입장에서 보면 바나나 하나로 남은 평생 배부름을 유지하기를 바라는 것만큼이나 비현실적인 생각이다. 우리는 그런 식으로 설계돼 있지 않다. 그럼에도 우리는 그렇게 설계돼 있다고 착각하며 살아간다.

> **인간이 모든 경험을 기대치와 비교하도록 진화했다는 사실은 행복을 얻으려고 애써 노력하지 말아야 할 이유를 말해준다.**

2015년, 코카콜라가 대대적인 마케팅 캠페인을 시작했다. 이번에는 '마음을 전해요'가 아니라 '행복을 선택하세요'라는 슬로건을 내세웠다. 이 슬로건이 수많은 소비자에게 주입한 메시지는 행복이란 우리가 선택하는 것이며 우리는 행복해질 수 있을 뿐 아니라 '행복해져야 한다'는 것이었다. 자사 제품을 비현실적인 감정 상태와 연결해 마케팅에 활용한 기업은 코카콜라만이 아니다. '오래오래 행복하게 사세요'(주택보험), '행복은 여기서 시작됩니다'(머스터드소스), '행복을 나눠요'(음식), '행복을 마음껏 드세요'(식당), '행복의 순간'(유제품) 등도 있다. 이런 광고 문구들은 모두 같은 뜻을 내포하고 있다. 즉 즐거운 경험을 끝없이 하는 것이 행복이며, 그것은 우리가 '선택'하는 무언가라는 얘기다. 행복하지 않은 사람에게는 뭔가 문제가 있다고 말하는 듯하다.

이처럼 쏟아지는 광고와 '행복'에 대한 9억 200만 개의 구글 검색 결과는 우리가 행복해질 수 있고 또 당연히 그래야 한다고, 날마다 즐거워야 한다고 계속 상기시킨다. 그러면 뇌는 우리의 주관적 경험을 사실상 달성 불가능한 목표와 비교한다. 끊임없이 행복한 것은 인간에게 자연스러운 상태가 아님에도 말이다. 멋진 휴양지에서 일몰을 즐기는 행복하고 예쁜 사람들의 모습에 계속해서 노출되면 자기 자신의 감정에 대한 기대치가 비현실적으로 높아지기 마련이다. 그리고 자신의 내면세계가 그 기대치와 일치하지 않으면 낙담하게 된다. 광고로 세뇌된, 행복에 대한 몹시 비현실적인 이미지는 우리에게 불행하다는 기분을 안겨줄 위험이 있다. 이는 단순히 추측이 아니다.

한 연구에서 피험자들이 행복을 찬양하는 글을 읽은 뒤 코미디 영상을 시청했다. 그러자 이들은 행복을 언급하지 않은 글을 읽은 그룹보다 덜 즐거워했다. 그 이유를 추정해보자면 이렇다. 행복에 관한 글이 피험자들의 기대치를 높였고, 그러자 코미디가 배꼽이 빠질 만큼 재미있을 거라는 기대치가 생겨났다. 그런데 기대한 만큼 재미가 없자 실망한 것이다. 기대가 높지 않으면 기준이 낮아지므로 경험에서 얻는 만족이 기대치와 동등하거나 기대치보다 높아진다. 따라서 그 경험을 더 긍정적으로 여기게 된다.

해마다 광고에 더 많은 돈을 지출하는 나라일수록 2년 후 국민들의 삶의 만족도가 더 낮아진다는 연구 결과가 있다. 이에 따르면 광고가 우리의 감정 상태에 대한 기대치를 비현실적으로 높여서 결과적으로 실망감과 불만족을 일으킨다고 유추할 수 있다. 우리가 보다 현실적인 기대치를 갖게 하는(그리고 정신적 행복에 긍정적 영향을 주는) 광고 문구는 이것일지 모른다. '때로 울적해도 괜찮아요.' 하지만 이 슬로건으로는 청량음료나 머스터드소스, 주택보험을 별로 많이 팔지 못할 것이다.

인생에서 많은 일은 우리가 노력하는 양에 비례해 성공 확률이 높아진다. 하지만 행복은 그렇지 않다. 잡으려고 쫓아가면 갈수록 놓칠 가능성이 크다. 행복해지고 싶다는 사람에게 내가 해주고 싶은 조언은 이것이다. 그 모든 공허한 광고 메시지에 귀를 닫으라. 행복을 찬양하는 글과 책을 읽지 말라. 행복이라는 키워드가 들어간 유튜브 동영상도 멀리하라.

그렇다면 행복 자체에 신경을 끄는 것 말고는 행복해지기 위해 할 수 있는 일이 아무것도 없을까? 나는 이 지점에서 망설여진다. 한편으론 내게 효과가 있는 방법이 꼭 남들에게도 통하리라는 보장이 없기 때문이고, 또 한편으론 조언을 하려는 모든 시도는 증명할 수 없는 모호하고 진부한 말을 늘어놓는 것으로 끝날 위험이 있기 때문이다. 그러나 그런 위험을 감수하고 내 의견을 말해보자면, 현대 사회에 퍼진 매우 해로운 오해 중 하나가 '행복이란 끊임없이 즐거운 경험을 하는 것'이라는 생각이다.

물론 우리는 과거 조상들이 행복에 관해 어떻게 생각했을지 알 도리가 없다['행복한(happy)'이라는 단어는 14세기쯤에야 등장했고 원래는 '운이 좋은(lucky)'을 뜻했다]. 그러나 아프리카 사바나를 누비던 수렵채집인들이 즐거운 경험을 끊임없이 하는 데서 삶의 의미와 행복을 느꼈을 가능성은 매우 작다. 인류 역사의 대부분 기간에 현재 우리가 생각하는 행복이라는 개념은 몹시 터무니없게 보였을 것이다. 행복에 대한 강박과 행복이 끊임없는 즐거움과 동의어라는 오해는 불과 몇 세대 전에야 만들어졌다. 대부분 사람은 그런 시각만을 접해온 탓에 그것이 얼마나 이상하고 비현실적인 관점인지 깨닫지 못한다.

내 생각에 행복은 근심 걱정 없는 즐거운 생활만 추구하는 것과도, 괴로움과 연결되는 모든 것을 줄이는 것과도 상관이 없다. 동시에 나는 물질주의자이고 풍족한 삶을 살고 있는 만큼, 편리함과 물질적 요소가 행복에 전혀 영향을 미치지 않는다고 말하진 않겠다. 그것들은 분명히 중요하다. 나뿐 아니라 대부분 사람에게도 마찬가지다. 내가 들은 행복에 관한 가장 건설적인 정의는 이것이다. '자기 자신에 관한 깊은 통찰과 긍정적인 경험의 조합.' 이때 통찰이란 자신이 무엇을 잘하는지, 그리고 자신과 타인을 돕는 데 그 능력을 어떻게 활용할지 아는 것이다. 그럼으로

써 우리는 자신보다 더 커다란 무언가의 일부가 될 수 있다. 대부분 사람은 목표 지점에 도달했을 때가 아니라 자신보다 커다란 무언가를 추구하며 노력하는 과정에서 중요한 것을 깨닫는다. 바로 그때 '행복'이라고 부를 수 있는 무언가를 경험한다. 요컨대 행복 자체를 목표로 삼지 말고 행복을 더 커다란 그림의 일부로 바라봐야 한다는 뜻이다.

행복은 자신에게 무엇이 중요한지 깨닫고 그것을 중심으로 삶을 만들어갈 때 찾아온다. 자신과 주변 사람들에게 의미 있는 어떤 일에 참여할 때가 그런 순간이다. 지금까지 인간의 생존은 함께 협력하는 능력에 달려 있었다. 우리 조상들이 자연의 혹독한 시련을 극복하고 살아남을 수 있었던 것은 '함께'였기 때문이다. 인간이 지구상에서 가장 우세한 종이 된 것은 가장 강하거나 빠르거나 똑똑한 동물이었기 때문이 아니라 협력하는 능력이 가장 뛰어났기 때문이다. 그래서 우리가 그토록 외로움을 힘들어하는 것이다.

오스트리아의 정신과 의사이자 신경학자인 빅터 프랭클(Viktor Frankl)은 제2차 세계대전 당시 아우슈비츠를 포함한 네 곳의 강제수용소를 거쳤다. 그 모든 것을 이겨낼 정신력을 어떻게 발휘했느냐는 질문을 받았을 때, 철학자 프리드리히 니체(Friedrich

Nietzsche)의 말을 인용했다. "살아야 할 이유를 가진 사람은 무엇이라도 견딜 수 있다." 그 '이유'가 될 수 있는 의미 있는 것들은 세상 사람의 수만큼이나 많을 것이다. 하지만 한 가지는 확실하다. 끊임없는 즐거움은 그중 하나가 아니다. 그러므로 행복을 좇지 마라. 행복은 그 자체에 골몰하지 않고 의미 있는 무언가에 집중할 때 찾아오는 부산물이다.

인간은 생물학적 존재임을 기억하라

아직도 어제 일처럼 생생하다. 의과대학의 두 번째 학기였다. 환풍기가 돌아가는데도 서늘한 방 안은 코를 찌르는 불쾌한 냄새로 가득했다. 하지만 내 손에 들린 것을 내려다보는 동안 부검실의 모든 풍경은 머릿속에서 지워졌다. 그것은 인간의 뇌였다. 나는 생각했다. '여기에 모든 게 들어 있구나.' 그 뇌의 주인이었던 84세 남성이 경험한 모든 것, 모든 기억과 감정이 담겼던 곳. 태어나서 죽을 때까지 인생의 모든 순간이 그 자신은 결코 보지 못한 이것 안에서, 이제는 내 손에 들린 이것 안에서 일어났다. 누군가를 '그 사람'이게 하는 이것. 내 두개골 안에도 뇌가 있고 거기에 지금껏 경험한 모든 것이 담겨 있다는 사실이 새삼 강렬하게 느껴져 기분이 묘했다. 빳빳하게 다려진 셔츠를 입고 초등학교에 처음 등교한 날, 10대 시절, 스무 살 때 샤모니에서 스키를 타다 죽을 뻔한 일, 그리고 84세 남성의 뇌를 들고 있는 그 순간의 경험조차도 내 뇌 안에서 만들어지고 있었다!

그 시점까지의 내 인생 전체가 커다란 호두처럼 생겼고 두부처럼 물컹거리며 무게는 1킬로그램 남짓밖에 안 되는 기관 안에서 일어났다는 사실이 놀랍고 신비로웠다. 실은 지금도 여전히 이해가 안 간다. 하지만 그날 내가 새삼 깨달은 가장 중요한 사실은 뇌가 하나의 기관이라는 점이다. 나는 이 점을 나 자신과 환자들에게 늘 상기시킨다. 그리고 부검실 테이블 위에 놓여 있던 다른 모든 기관과 마찬가지로 뇌도 하나의 임무를 수행하도록 진화했다. 바로 생존이다.

뇌는 그저 우연히 지금과 같은 기관이 된 것이 아니다. 뇌는 우리에게 세상을 있는 그대로 보여주지 않는다. 우리가 경험한 일을 있는 그대로 기억하게 내버려 두지도 않는다. 우리 자신을 있는 그대로 보게 놔두지도 않는다. 오히려 그 반대다! 뇌는 우리의 기억을 바꾼다. 뇌는 최악의 시나리오를 예상하고 끔찍한 상황을 상상한다. 때로는 우리가 실제보다 더 능력이 뛰어나고 사교적이라고, 때로는 형편없는 인간이라고 착각하게 한다.

사실 뇌는 생존을 위한 기계에 불과하다. 이 기계는 오류투성이이지만 진화의 관점에서 보면 그 오류들은 똑똑한 기능일 때가 많다.

뇌는 인간 본성에 관심을 가진 사람이 외면해도 좋을 수동적인 매개체가 아니다. 오히려 그 반대다. 뇌에 대해 알면 인간 본성을 더 깊이 이해할 수 있다. 결국 인간 본성이 만들어지는 곳은 뇌 안이기 때문이다. 그렇긴 해도 뇌를 고립된 존재로 여겨서는 안 된다. 뇌는 신체라는 복잡하고 역동적인 시스템의 일부이며, 신체를 통제할 뿐 아니라 신체가 보내는 정보를 수신한다. 위험(감염되거나 고립되거나 위계질서의 아래쪽으로 밀려날 가능성 등)을 알리는 정보를 감지하면, 뇌는 불안하고 불편한 느낌을 만들어낸다. 인간이 수십만 년 동안 살아온 환경에서 바로 이 느낌이 특정한 행동을 유도해 생존 확률을 높였다. 그러니 불안이나 우울감이 뇌가 제대로 작동하지 않는다거나 아프다는 의미라고 믿는 사람은, 뇌의 가장 중요한 목적이 생존이라는 사실을 잊어버린 것이다.

과거에는 우울증과 불안을 두고 흔히들 '머리가 만들어낸 것'이라고 했다. 그래서 우울한 사람에게 "마음 좀 잘 추슬러", "기운 내"라고 말하곤 했다. 아마도 그런 말은 별로 도움이 안 됐을 것이다. 그러다가 시간이 흐르자 '머리가 만들어낸 것'이라는 말은 '뇌에 세로토닌이 많이 부족하다'를 의미하게 됐다. 물론 이는 우울증을 하찮은 것으로 여기던 시각에서 한 단계 발전한 것이었지만, 자기실현적 예언을 만들어낼 위험이 있었다. 이제는 '머리가 만들어낸 것'이라고 믿는 대신 '우울과 불안은 머리와 신체가 만들어낸 것이며, 모든 것이 매우 정상적으로 작동하고 있다는 신호인 경우가 많다'라는 관점으로 이동해야 할 때다.

풍요와 발전의 시대임에도 우리가 우울한 이유는 인간이 생물학적 존재라는 사실을 잊었기 때문이다. 내가 이 책을 쓴 목적은 우리 안의 생물학적 토대를 상기시키기 위해서다. 보닛을 열고 정신의 엔진을 들여다보면 우리의 정신 건강과 감정을 개선할 수 있다는 걸 알려주기 위해서다. 그러나 인간의 행복이라는 중요한 문제를 탐구하는 책은 선택적 접근법을 취해야 한다. 이 때문에 나는 의식적으로 생물학과 뇌에 초점을 맞추고 사회적 설명 모델들은 자세히 다루지 않았다. 불평등, 배제, 불공정, 실업 등의 주제가 중요하지 않기 때문이 아니라 사람들이 생물학적 측면을 간과하는 경향이 있기 때문이다.

우리의 감정에 큰 영향을 미침에도 많은 이들이 가치를 과소평가하는 두 가지 핵심 요소(신체 활동 권장, 외로움 예방)를 강조하는 것 이외에는 책에 너무 많은 조언을 담지 않으려고 신경 썼다. 그 대신 당신의 정신 건강을 들여다보는 방법을 알려주려고 노력했다. 모쪼록 그럼으로써 스스로 의미 있는 결론을 내릴 수 있기를 바란다. 그럼에도 몇 가지 조언만은 꼭 덧붙이고 싶었다. 그래서 뇌의 관점으로 자신을 바라보는 접근법에서 내가 가장 중요하다고 생각하는 열 가지를 다음 페이지에 요약해놓았다.

기억해야 할 열 가지 포인트

1. **우리는 생존자의 후손이다.** 인간은 건강이나 행복을 위해서가 아니라 생존과 번식을 위해 진화해왔다. 항상 즐겁고 행복하길 바라는 것은 비현실적인 목표다. 우리는 그렇게 설계돼 있지 않다.

2. **느낌은 행동에 영향을 미치며, 계속 변화할 수밖에 없다.** 뇌는 신체 안에서 오는 정보와 외부에서 오는 정보를 결합해 느낌을 만들어낸다. 신체 내부의 상태는 대다수 사람이 생각하는 것보다 느낌이 형성되는 데 더 큰 영향을 미친다.

3. **불안과 우울은 방어 기제일 때가 많다.** 불안과 우울은 인간 본성의 정상적인 일부이며, 우리가 고장 났거나 아프다는 의미가 아니다. 성격상 결함과도 아무 상관이 없다!

4. **기억은 바뀐다.** 안전하고 편안한 공간에서 충격적 경험에 대해 이야기하면 그 기억이 조금씩 바뀌고 덜 두려워진다.

5. **수면 부족, 장기적 스트레스, 앉아 있는 생활 습관, 소셜 미디어에 올라온 타인의 편집된 삶의 모습을 과도하게 접하는 것을 피하라.** 이 모든 것이 뇌에 모종의 신호를 보내는데, 뇌는 그 신호를 위험이 다가온다거나 자신이 부족한 인간이라는 의미로 해석할 위험이 있다. 그러면 뇌는 당신에게 움츠러들라고 명령하고 당신을 우울하게 한다.

6. **신체 활동은 우울과 불안을 예방해준다.** 인간은 몸을 움직여야 하는 존재이지만 오늘날 우리는 거의 움직이지 않는다. 그럼에도 게으름은 정상적인 것이다!

7. **외로움은 다양한 질병과 연결돼 있다.** 그러나 작은 행동도 큰 변화를 만들어낼 수 있다. 건강의 관점에서 볼 때, 많은 이들과 피상적 관계를 맺는 것보다 친밀한 소수와 진실한 관계를 유지하는 것이 더 낫다.

8. **유전적 요인은 중요하다. 그러나 환경적 요인이 더 중요할 때가 많다.** 유전적 인자를 갖고 있다는 것이 불가피한 운명을 의미한다고 믿지 마라. 당신이 어떻게 생활하는지는 뇌의 기능과 작동에 분명히 영향을 미친다.

9. **행복에 대한 강박에서 자유로워져라.** 늘 행복하길 기대하는 것은 정신적 소모도 크고 비현실적인 바람이다. 게다가 오히려 그 반대의 효과가 날 수 있다.

10. **이 책에서 가장 중요한 조언은 이것이다. 당신의 정신 건강이 나쁘다고 생각되면 주저하지 말고 전문가의 도움을 구하라.** 폐렴이나 알레르기가 괴상한 병이 아니듯, 정신 질환도 마찬가지다. 당신이 손만 뻗으면 도움을 줄 사람은 늘 있다. 당신은 혼자가 아니다.

이 책의 초고로 써놓은 내용을 토대로 라디오 프로그램 〈P1의 여름(Summer on P1)〉을 진행했다. 프로그램 청취자들의 반응이 뜨거워 책을 얼른 완성하기로 마음먹었는데, 수많은 사람의 도움이 없었다면 결코 책을 내지 못했을 것이다.

늘 나를 격려해주고 건설적인 피드백을 주며 키보드에서 가장 중요한 키는 '삭제'라는 사실을 다시금 일깨워준 보니에르 파크타 출판사의 세실리아 비크룬드(Cecilia Viklund)와 안나 파야크(Anna Paljak)에게 감사드린다. 그리고 세세한 수정 사항에 관한 소름 돋을 만큼 정확한 조언으로 훨씬 더 좋은 책이 되게 도와준 에리카 스트란드 베르글룬드(Erika Strand Berglund)에게 감사를 전한다.

많은 독자가 내 책을 만나도록 도와준 샤를로타 라르손(Char-lotta Larsson), 소피아 헤울린(Sofia Heurlin)을 비롯해 보니에르 파크타의 모든 분께 감사드린다.

나아가 내 책이 해외에 소개되도록 힘써준 페데리코 암브로시니(Federico Ambrosini), 키미아 카비아니(Kimia Kaviani), 아담 토르비오른손(Adam Torbjornsson), 엘린 엥룬드(Elin Englund)를 비롯한 살로몬손 에이전시 관계자분들께도 감사를 전한다.

아울러 다음 분들에게도 크나큰 고마움을 전한다. 모두 저마다의 방식으로 중요한 기여를 해줬다. 칼 요한 순드베리(Carl Johan Sundberg), 구스타브 쇠데르스트룀(Gustav Söderström), 요나스 페테손(Jonas Pettersson), 오토 앙카르크로나(Otto Ankarcrona), 마츠 토렌(Mats Thorén), 앙드레 하인츠(André Heinz), 시몬 캬가(Simon Kyaga), 타히르 자밀(Tahir Jamil), 반야 한센(Vanja Hansen), 비에른 한센(Björn Hansen), 데지레 뒤티나(Desirée Dutina), 마르틴 로렌손(Martin Lorenzon), 니클라스 뉘베리(Niklas Nyberg), 폰투스 안데르손(Pontus Andersson), 대프너 쇼하미(Daphna Shohamy), 칼 토비에손(Karl Tobieson), 말린 셰스트란드(Malin Sjöstrand), 안데르스 발렌스텐(Anders Wallensten), 스

웨덴 국립도서관 관계자분들.

마지막으로 내 책들을 읽고 고맙다고 말해준 모든 분께 깊은 감사의 마음을 전한다. 내게는 책이 많이 팔렸다는 소식보다 훨씬 더 큰 의미가 있다.

참고문헌

1장

- World Health Organization, 'Depression', (13 September 2021), https://www.who.int/news-room/act-sheets/detail/depression
- World Health Organization, 'Depression and other common mental disorders: Global Health Estimates', (2017), Licence: CC BY-NC-SA 3.0 IGO

2장

- Diamond, J., *The Third Chimpanzee: The Evolution and Future of the Human Animal* (London, Hutchinson Radius, 1991)
- *EurekAlert!*, 'Penn researchers calculate how much the eye tells the brain', (26 July 2006)
- Feldman Barrett, L., *How Emotions are Made: The Secret Life of the Brain* (Boston, Mariner Books, 2017)
- Gozzi, A. et al., 'A neural switch for active and passive fear', *Neuron* 67:4 (2010), 656-66. DOI: 10.1016/j.neuron.2010.07.008
- Harari, Y., *Sapiens: A Brief History of Humankind* (New York, Harper, 2015)

3장

- Bai, S. et al., 'Efficacy and safety of anti-inflammatory agents for the treatment of major depressive disorder: a systematic review and meta-analysis of randomised controlled trials', *Journal of Neurology,*

Neurosurgery & Psychiatry 91:1 (2019), 21-32. DOI: 10.1136/jnnp-2019-320912

- Burklund, L. et al., 'The common and distinct neural bases of affect labeling and reappraisal in healthy adults', *Frontiers in Psychology* 5:221 (2014). DOI: 10.3389/fpsyg.2014.00221
- Chippaux, J.P., 'Epidemiology of snakebites in Europe: A systematic review of the literature', *Toxicon* 59:1 (2012), 86-99
- Crocq, M., 'A history of anxiety: from Hippocrates to DSM', *Dialogues in Clinical Neuroscience* 17:3 (2015). DOI: 10.31887/DCNS.2015.17.3/macrocq
- Hariri, A.R. et al., 'Neocortical modulation of the amygdala response to fearful stimuli', *Biological Psychiatry* 53:6 (2003), 494-501. DOI: 10.1016/0006-3223(02)01786-9
- Nesse, R., *Good Reasons for Bad Feelings: Insights from the Frontier of Evolutionary Psychiatry* (Boston, Dutton, 2019)
- World Health Organization, ed., 'Deaths on the roads: Based on the WHO Global Status Report on Road Safety 2015' (PDF) (official report) (Geneva, Switzerland, 2015) [accessed 26 January 2016]

4장

- Andrew, P. W. et al., 'The bright side of being blue: depression as an adaptation for analyzing complex problems', *Psychological Review* 116:3 (July 2009), 620-54. DOI: 10.1037/a0016242
- Bai, S. et al., 'Efficacy and safety of anti-inflammatory agents for the treatment of major depressive disorder: a systematic review and meta-analysis of randomised controlled trials', *Journal of Neurology, Neurosurgery and Psychiatry* 91:1 (2019), 21-32. DOI: 10.1136/jnnp-2019-320912
- Bosma-den Boer, M.M. et al., 'Chronic inflammatory diseases are

stimulated by current lifestyle: how diet, stress levels and medication prevent our body from recovering', *Nutrition & Metabolism* 9:1 (2012). DOI:10.1186/1743-7075-9-32

- Eurostat, 'Statistics explained. Cancer statistics' (August 2021)
- Goldman, L., *Too Much of a Good Thing: How Four Key Survival Traits Are Now Killing Us* (New York, Little Brown, 2015)
- Gruber, J., 'Four Ways Happiness Can Hurt You', *Greater Good magazine* (3 May 2012) https://greatergood.berkeley.edu/article/item/four_ways_happiness_can_hurt_you
- Gurven, M. et al., 'A cross-cultural examination', *Population and Development Review* 33:2 (2007), 321-65. DOI: 10.1111/j.1728-4457.2007.00171.x
- Gurven, M. et al., 'Longevity among hunter-gatherers: a cross cultural examination', *Population and Development Review* (2007)
- Husain, M.I. et al., 'Anti-inflammatory treatments for mood disorders: systematic review and meta-analysis', *Journal of Psychopharmacology* 31:9 (2017), 1137-48. DOI: 10.1177/0269881117725711
- Jha, M.K. et al., 'Anti-inflammatory treatments for major depressive disorder, what's on the horizon?', *The Journal of Clinical Psychiatry* 80:6 (2019). DOI: 10.4088/JCP.18ac12630
- Quan, N. and Banks, W.A., 'Brain-immune communication pathways', *Brain, Behavior, and Immunity* 21:6 (2007), 727-35. DOI: 10.1016/j.bbi.2007.05.005
- Raison, C.L. and Miller, A.H., 'The evolutionary significance of depression in Pathogen Host Defense (PATHOS-D)', *Molecular Psychiatry* 18:1 (2013), 15-37. DOI: 10.1038/mp.2012.2
- Riksarkivet (The Swedish National Archives), 'TBC och sanatorier (TB and Sanatoria)'
- Straub, R., 'The brain and immune system prompt energy shortage

in chronic inflammation and ageing', *Nature Reviews Rheumatology* 13:12 (2017), 743-51. DOI: 10.1038/nrrheum.2017.172

- Wium-Andersen, M.K. et al., 'Elevated C-reactive protein levels, psychological distress, and depression in 73,131 individuals', *JAMA Psychiatry* 70:2 (2013), 176-84. DOI: 10.1001/2013.jamapsychiatry.102
- Wray, N.R. et al., 'Genome-wide association analysis identifies 44 risk variants and refine the genetic architecture of major depressive disorder', *Nature Genetics* 50:5 (2017), 668-81. DOI: 10.1101.167577

5장

- Berger, M. et al., 'The expanded biology of serotonin', *Annual Review of Medicine* 60:1 (2018), 355-66. DOI: 10.1146/annurev. med.60.042307.110802
- Cacioppo, J. et al., 'The growing problem of loneliness', *Lancet* 391:10119 (2018), 426
- Cole, S.W. et al., 'Myeloid differentiation architecture of leukocyte transcriptome dynamics in perceived social isolation', *Proceedings of the National Academy of Sciences* 112:49 (2015), 15142-7. DOI: 10.1073/pnas.1514249112
- Cruwys, T. et al., 'Social group memberships protect against future depression, alleviate depression symptoms and prevent depression relapse', *Social Science & Medicine* 98 (2013), 179-86. DOI: 10.1016/ j.socscimed.2013.09.013
- Dunbar, R., *Friends: Understanding the Power of Our Most Important Relationships* (Little Brown: London, 2021)
- Dunbar R. et al., 'Social laughter is correlated with an elevated pain threshold', *Proceedings of the Royal Society* B 279:1731 (2001), 1161-7. DOI: 10.1098/rspb.2011.1373
- Folkhälsomyndigheten (The Public Health Agency of Sweden),

'Skolbarns hälsovanor - så mår skolbarn i Sverige jämfört med skolbarn i andra länder' ('Health practices of schoolchildren - how schoolchildren in Sweden feel compared to schoolchildren in other countries') (19 May 2020)

- Kahlon, M. et al., 'Effect of layperson-delivered, empathy-focused program of telephone calls on loneliness, depression, and anxiety among adults during the COVID-19 pandemic. A randomized clinical trial', *JAMA Psychiatry* 78:6 (2021), 616-22. DOI:10.1001/jamapsychiatry.2021.0113

- Keles, B. et al., 'A systematic review: the influence of social media on depression, anxiety and psychological distress in adolescents', *Int. Journal of Adolescence and Youth* 25:1 (2019), 79-93. DOI: 10.1080/02673843.2019.1590851

- Masi, C. et al., 'A meta-analysis of interventions to reduce loneliness', *Personality and Social Psychology Review* 15:3 (2010), 219-66. DOI: 10.1177/088868310377394

- McPherson, M. et al., 'Social isolation in America: changes in core discussion networks over two decades', *American Sociological Review* 71:3 (2006), 353-75. DOI: 10.1177/000312240607100301

- Meltzer, H. et al., 'Feelings of loneliness among adults with mental disorder', *Social Psychiatry and Psychiatric Epidemiology* 48:1 (2012), 5-13. DOI: 10.1007/s00127-012-0515-8

- Mineo, L., 'Good genes are nice, but joy is better', *The Harvard Gazette* (11 April 2017)

- Ortiz-Ospina, E., 'Is there a loneliness epidemic?', *Our World in Data* (11 December 2019)

- Provine, R.P. and Fischer, K.R., 'Laughing, smiling, and talking: relation to sleeping and social context in humans', *Ethology* 83:4 (1989), 295-305. DOI: 10.1111/j.1439-0310.1989.tb00536.x

- Tomova, L. et al., 'Acute social isolation evokes midbrain craving responses similar to hunger', *Nature Neuroscience* 23 (2020), 1597-605. DOI: 10.1038/s41593-020-00742-z
- Trzesniewski, K. et al., 'Rethinking Generation Me: a study of cohort effects from 1976-2006', *Perspectives on Psychological Science* 5:1 (2010), 58-75. DOI: 10.1177/1745691609356789
- Wells, G., Horwitz, J. and Seetharaman, D., 'The Facebook files: Facebook knows Instagram is toxic for teen girls, company documents show', *Wall Street Journal* (14 September 2021)

6장

- Babyak, M. et al., 'Exercise treatment for major depression: maintenance of therapeutic benefit at10 months', *Psychosomatic Medicine* 62:5 (2000), 633-8. DOI: 10.1097/00006842-200009000-00006
- Bridle, C. et al., 'Effect of exercise on depression severity in older people: systematic review and meta-analysis of randomised controlled trials', *The British Journal of Psychiatry: The Journal of Mental Science* 201:3 (2018), 180-5. DOI: 10.1192/bjp.bp.111.095174
- Choi, K.W. et al., 'Assessment of bidirectional relationships between physical activity and depression among adults: a 2-sample Mendelian randomization study', *JAMA Psychiatry* 76:4 (2019), 399-408. DOI: 10.1001/jamapsychiatry.2018.4175
- Folkhälsomyndigheten (The Public Health Agency of Sweden), 'Psykisk hälsa och suicidprevention/Barn och unga - psykisk hälsa/ Fysisk aktivitet och psykisk hälsa' ('Mental health and suicide prevention/Children and young people - mental health/Physical activity and mental health') (2021)
- Harvey, S.B. et al., 'Exercise and the prevention of depression: results

of the HUNT cohort study', *American Journal of Psychiatry* 175:1 (2017), 28-36. DOI: 10.1176/appi.ajp.2017.16111223

- Hu, M. et al., 'Exercise interventions for the prevention of depression: a systemic review of meta-analyses', *BMC Public Health* 20:1255 (2020). DOI: 10.1186/s12889-020-09323-y

- Kandola, A. et al., 'Depressive symptoms and objectively measured physical activity and sedentary behaviour throughout adolescence: a prospective cohort study', *Lancet Psychiatry* 7:3 (2020), 262-71. DOI: 10.1016/S2215-0366(20) 30034-1

- Kandola, A.A. et al., 'Individual and combined associations between cardiorespiratory fitness and grip strength with common mental disorders: a prospective cohort study in the UK Biobank', *BMC Medicine* 18:303 (2020). DOI: 10.1186/s12916-020-01782-9

- Netz, Y. et al., 'Is the comparison between exercise and pharmacologic treatment of depression in the clinical practice guideline of the American College of Physicians evidence-based?', *Frontiers in Pharmacology* 8:257 (2017). DOI: 10.3389/fphar.2017.00257

- Raustorp, A. et al., 'Comparisons of pedometer-determined weekday physical activity among Swedish school children and adolescents in 2000 and 2017 showed the highest reductions in adolescents', *Acta Pediatrica* 107:7 (2018)

- Schmidt-Kassow, M. et al., 'Physical exercise during encoding improves vocabulary learning in young female adults: a neuroendocrinological study', *PLoS One* 8:5 (2013), e64172. DOI: 10.1371/journal.pone.0064172

- Schuch, F. et al., 'Physical activity protects from incident anxiety: a meta-analysis of prospective cohort studies', *Depression and Anxiety* 36:9 (2019), 846-58. DOI: 10.1002/da.22915

- Tafet, G.E. and Nemeroff, C.B., 'Pharmacological treatment of anxiety disorders: the role of the HPA axis', *Frontiers in Psychiatry* 11:443 (2020). DOI: 10.3389/fpsyt.2020.0044

- Wegner, M. et al., 'Systematic review of meta-analyses: exercise effects on depression in children and adolescents', *Frontiers in Psychiatry* 8:81 (2020). DOI: 10.3389/fpsyt.2020.00081
- Winter, B. et al., 'High impact running improves learning', *Neurobiology of Learning and Memory* 87:4 (2007), 597-609. DOI: 10.1016/j.nlm.2006.11.003

7장

- Colla, J. et al., 'Depression and modernization: a cross-cultural study of women', *Psychiatry Epidemiology* 41:4 (April 2006), 271-9
- Goldney, R.D. et al., 'Changes in the prevalence of major depression in an Australian community sample between 1998 and 2008', *The Australian and New Zealand Journal of Psychiatry* 44:10 (2010), 901-10. DOI: 10.3109/00048674.2010.490520
- Hollan, D.W. and Wellenkamp, J.C., *Contentment and Suffering: Culture and Experience in Toraja* (New York, Columbia University Press, 1994)
- Nishi, D. et al., 'Prevalence of mental disorders and mental health service use in Japan', *Psychiatry and Clinical Neurosciences Frontier Review* 73:8 (2019), 458-65. DOI: 10.1111/pcn.12894
- Rodgers, A., 'Star neuroscientist Tom Insel leaves the Google-spawned Verily for ⋯ a startup?', *Wired* (5 November 2017)
- Socialstyrelsen (National Board of Health and Welfare, Sweden). *Statistik om hjartinfarkter (Heart Attack Statistics)* (2018)
- Socialstyrelsen och Cancerfonden (National Board of Health and Welfare, Sweden, and the Swedish Cancer Society), *Cancer i siffror 2018 (Cancer in Figures 2018)* (2018)

- Statistiska centralbyrån (Statistics Sweden), *Life Expectancy* 1751–2020
- Sweden's National Board of Health and Welfare, Statistics on prescribed medicine in Sweden, 28 February 2022
- World Health Organization, '"Depression: Let's talk" says WHO, as depression tops list of causes of ill health' (2017)

8장

- Feldman, S., 'Consumer genetic testing is gaining momentum', *Statista* (18 November 2019)
- Lebowitz, M.S. and Ahn, W.K., 'Blue genes? Understanding and mitigating negative consequences of personalized information about genetic risk for depression', *Journal of Genetic Counseling* 27:1 (2018), 204–16. DOI: 10.1007/10897–017–0140–5
- Lebowitz, M.S. et al., 'Fixable or fate? Perceptions of the biology of depression', *Journal of Consulting and Clinical Psychology* 81:3 (2013), 518–27. DOI: 10.1037/a0031730
- Rosling, H., *Factfulness: Ten Reasons We're Wrong about the World – and Why Things Are Better than You Think* (New York, Flatiron Books, 2018)

9장

- Frankl, V., *Man's Search for Meaning* (Boston, Beacon Press, 1947)
- Torres, N., 'Advertising makes us unhappy', *Harvard Business Review* (Jan–Feb 2020)

더 좋은 기분, 더 좋은 삶을 위한 뇌 사용법
마음을 돌보는 뇌과학

제1판 1쇄 인쇄 | 2023년 7월 21일
제1판 2쇄 발행 | 2023년 8월 30일

지은이 | 안데르스 한센
옮긴이 | 이수경
펴낸이 | 김수언
펴낸곳 | 한국경제신문 한경BP
책임편집 | 박혜정
교정교열 | 공순례
저작권 | 백상아
홍보 | 서은실 · 이여진 · 박도현
마케팅 | 김규형 · 정우연
디자인 | 권석중
본문디자인 | 디자인 현

주소 | 서울특별시 중구 청파로 463
기획출판팀 | 02-3604-590, 584
영업마케팅팀 | 02-3604-595, 562   FAX | 02-3604-599
H | http://bp.hankyung.com   E | bp@hankyung.com
F | www.facebook.com/hankyungbp
등록 | 제 2-315(1967. 5. 15)

ISBN 978-89-475-4906-6   03180